危机领导力

"韧性"成就卓越

高宇星◎著

台海出版社

图书在版编目（CIP）数据

危机领导力："韧性"成就卓越/高宇星著. --
北京：台海出版社, 2024.4
ISBN 978-7-5168-3804-4

Ⅰ.①危… Ⅱ.①高… Ⅲ.①企业领导学 Ⅳ.
①F272.91

中国国家版本馆CIP数据核字(2024)第056690号

危机领导力："韧性"成就卓越

著　　者：高宇星

出 版 人：蔡　旭　　　　　　　　封面设计：回归线视觉传达
责任编辑：王　艳

出版发行：台海出版社
地　　址：北京市东城区景山东街 20 号　　　邮政编码：100009
电　　话：010-64041652（发行，邮购）
传　　真：010-84045799（总编室）
网　　址：www.taimeng.org.cn/thcbs/default.htm
E - m a i l：thcbs@126.com

经　　销：全国各地新华书店
印　　刷：香河县宏润印刷有限公司
本书如有破损、缺页、装订错误，请与本社联系调换

开　　本：710 毫米 × 1000 毫米　　　　1/16
字　　数：170 千字　　　　　　　　印　　张：13.5
版　　次：2024 年 4 月第 1 版　　　　印　　次：2024 年 4 月第 1 次印刷
书　　号：ISBN 978-7-5168-3804-4

定　　价：68.00 元

危机是领导者面临的一项永恒挑战。在人类历史上的各个时期，危机都以各种形式出现，无论是自然灾害、经济衰退还是全球性的健康危机，都会让人类付出代价。同时，危机也积聚了推动改变的力量，而领导者的智慧就在于如何利用这种力量完成步履维艰的改革。

当今，全球已进入一个多变、不确定、复杂、模糊的时代，又简称乌卡时代（VUCA 时代）。身处 VUCA 时代，企业领导者必须展现出一种特殊的能力，那就是韧性。而韧性和坚韧不拔的精神，是危机领导力不可或缺的重要特质和关键能力。

本书的写作主旨是深入探讨危机领导力韧性、坚韧不拔的特质，目的是帮助大家理解危机领导力的重要性，并提供实用的方法和策略，以便在危机中展现出真正的韧性领导力。

本书在写作的过程二，充分借鉴了理论研究、案例分析和实践经验的应用这三个方面的知识。首先，对危机领导力的相关理论进行了深入研究，包括危机意识、决策能力、危机管理等领域的理论框架和概念。通过系统地整理和分析这些理论，可以更好地理解危机领导力的本质和核心要素。其次，本书还通过案例分析的方式，对成功或失败的领导者在危机中的表现进行深入剖析，从中汲取宝贵的教训和经验。这些案例不仅可以帮助读者更好地理解危机领导力的关键要素，同时也为读者提供了实际操作的参考和启示。最后，本书还结合实践经验，提供了一系列实用的方法和策略，帮助读者培养和发展韧性领导力。这些方法和策略是基于实际工作中的经验总结和专业领域的最佳实践而来的，具有可操作性和实用性。读者可以运用这些方法和策略，提升自己在危机中展现韧性的能力。

除了以上内容，本书还探讨了危机领导力在政府、企业、非营利组织以及教育、医疗等不同领域和行业的应用。此外，本书还关注了团队和组织层面的韧性领导力，探索如何打造危机中的韧性团队和组织，包括介绍一些培养韧性领导力的具体方法和实践，如培训课程、个人发展计划等。

通过阅读本书，希望读者能够深入了解危机领导力的重要性，并掌握培养和发展韧性的关键方法和策略。事实上，无论是领导者还是希望成为领导者的人，都可以从本书中获得启示和帮助，来更好地应对和管理各种危机。

第一章
危机意识与韧性特质

　　本章将探讨危机意识与韧性特质的关系，揭示领导者危机意识的重要性以及高心理韧性领导者的特征。这些主题进一步强调了韧性作为应对危机的关键能力与素质，并强调了韧性在企业持续发展中不可或缺的重要性。此外，还讨论了领导者在危机中如何启动韧性飞轮，以应对挑战并推动组织的发展。

危机意识与韧性特质的关系

2022 年 6 月，新东方的创始人俞敏洪带领公司成功走出了低谷，在直播带货领域崭露头角。事实上，在"双减"政策发布近一年后，新东方经历了一系列挑战和困境，甚至有人认为他们再也无法复苏。然而，通过抓住直播带货和农产品升级市场的机遇，以及在直播平台上展现独特的"教学式"直播风格，俞敏洪展现出了其作为一名民营企业家的危机意识和韧性。

在新东方遭受行业地震和业务被砍的困境下，俞敏洪展现出了强烈的危机意识。他敏锐地意识到传统业务模式面临的挑战和风险，及时做出了调整和转型的决策。通过试水直播带货，他抓住了这一新兴市场机遇，并成功地将新东方的教育资源与直播平台相结合，实现了业务的转型和发展。与此同时，俞敏洪展现出了作为一名民营企业家的韧性特质。面对外界的质疑和困境，他没有被打倒，而是坚持不懈地努力。他善于抓住市场趋势，灵活调整业务策略，寻找新的增长点。他的决心和毅力使得新东方一步步走出了困境，并在直播带货领域崭露头角。

从这个案例可以看出，危机意识和韧性特质在俞敏洪身上相互影响、相互补充。危机意识使他能够敏锐地察觉到潜在的风险和机遇，及时做出应对策略；而韧性特质则使他能够坚持不懈地克服困难，不断寻找新的发展机会。这种危机意识和韧性特质的结合，为俞敏洪和新东方成功地应对挑战和逆境提供了有力支持。

一个人或组织有较高的危机意识，能够更快地察觉到可能的问题和风险，从而有更多机会运用韧性特质应对挑战。同时，韧性特质的培养也可以提升危机意识的形成和应对能力，因为具备韧性特质的个人或组织更具有应变能力和自信心，能够更好地应对变化和不确定性。因此，危机意识和韧性特质是相辅相成的，共同构建了个人或组织在面对困难和变革时的抗压能力和适应能力。

1. 危机意识与韧性特质之间的关系

危机意识是指个人或组织对潜在危险和困境的敏感度和认知能力。它涉及对环境变化、风险和不确定性的敏锐感知，以及对问题和挑战的快速识别和评估。一个人具有较高的危机意识，意味着其能够及时发现可能的问题，预测潜在的风险，并及早采取行动。韧性特质是指个人或组织在面对逆境、压力和挑战时的适应能力与恢复力。它包括对困难的应对能力、积极乐观的心态、坚韧不拔的决心和灵活的思维方式。具备韧性特质的个人或组织能够在面对挫折和困难时迅速调整策略，保持积极态度，并从中获得经验和成长。危机意识与韧性特质虽然有一定的相关性，但还是存在本的区别。

首先，危机意识并不一定直接导致韧性特质的发展。尽管危机意识可以唤起对潜在风险和困难的敏感性，但个体对危机的反应和应对方式可能因个人的心理和认知差异而有所不同。有些人可能会因为危机的存在而变得焦虑和无助，而另一些人可能会借助危机来激发自己内在的韧性特质。因此，危机意识与韧性特质之间的具体关系可能受到个人差异的影响。同

3

时，危机意识和韧性特质的发展不是静态的，而是可以通过教育和训练来改变和提高的。通过培养个体的危机意识，可以增强其对潜在风险和困难的敏感性。比如通过训练个体的韧性特质，可以提高其应对压力和逆境的能力。因此，对于个体和社会而言，重要的是通过适当的教育和支持措施，促进危机意识和韧性特质的发展。

其次，韧性特质的形成需要一个复杂的心理构建过程，受到多种因素的影响。韧性是个体应对危机的一种能力，但韧性的形成并不仅仅取决于危机意识，还受到个体的个性特征、社会支持、情绪调节、应对策略等因素的综合影响。因此，不能将韧性特质作为个体应对危机能力的唯一测度指标。

此外，危机意识和韧性特质之间的关系可能是双向的。一方面，危机意识可能促使个体发展出更强的韧性特质，以应对潜在的挑战和困境。另一方面，具备较高韧性特质的个体可能更容易察觉到潜在的危机和问题，并采取相应的行动。因此，危机意识和韧性特质之间可能存在相互作用和相互促进的关系。

2.二者相互作用对个体应对能力的影响

危机意识和韧性特质之间的相互作用可以对个体的应对能力产生重要影响。一方面，危机意识可以激发个体的韧性特质的发展。当个体对潜在的危险、挑战或困难保持高度的敏感性和意识时，他们更倾向于积极应对和寻找解决问题的方式。他们可能会更加努力地面对困境，寻求创新的思路和策略来应对挑战。因此，危机意识可以促使个体更积极地发展和运用韧性特质，提高他们的应对能力。

另一方面，具备较高韧性特质的个体更容易察觉到潜在的危机和问题，并采取相应的行动。他们对困境和挫折具有更强的适应能力，能够更快地从失败和困难中恢复，并调整自己的目标和策略。这种积极的应对方式反过来又强化了他们的危机意识，使他们对潜在的危险更加敏感，从而能更加有准备地应对未来的挑战。

此外，危机意识和韧性特质之间的相互作用还可以在应对过程中提供互补。危机意识使个体能够更加敏感地察觉到潜在的问题和风险，从而及早采取行动。而韧性特质则提供了个体面对逆境和挑战时的心理弹性和抗压能力，使其能够坚持并克服困难。因此，危机意识和韧性特质的相互作用可以使个体更全面、更有效地应对各种挑战和困境。

需要指出的是，危机意识和韧性特质的相互作用对个体应对能力的影响也受到其他因素的影响。例如，个体的认知和情绪调节能力、社会支持网络、个人信念和目标等。因此，在研究和实践中，需要考虑到这些因素的综合影响，以更好地理解和提高个体的应对能力。

总的来说，危机意识和韧性特质之间的相互作用对个体的应对能力具有重要影响。危机意识可以激发韧性特质的发展，并使个体更积极地面对挑战。具备韧性特质的个体则更容易察觉到潜在的危机，并能够有效应对。这种相互作用可以提高个体的应对能力，促进个体在逆境中更好地成长和发展。

领导者危机意识的重要性

华为公司创始人任正非是一个具有危机意识的人，在华为的发展过程中，他始终将危机视为一种必然，并积极思考、采取行动来应对可能出现或已经出现的危机。他曾经说过："十年来我天天思考的都是失败，对成功视而不见，也没有什么荣誉感、自豪感，而是危机感。也许是这样才存活了十年。我们大家要一起来想，怎样才能活下去，也许才能存活得久一些。失败这一天一定会到来，大家要准备迎接，这是我从不动摇的看法，这是历史规律。"这种思考方式反映出任正非对危机的敏感和对持续发展的追求。也正是他的这种危机意识，才为华为赢得了今天的辉煌。

领导者的危机意识是指领导者对潜在风险和困难的敏锐感知力和认知能力。在现代商业环境中，危机是一种不可避免的现象。作为现代企业的领导者，如何应对危机并保持企业的生存与发展，是其必须要面对的一项重要任务。现实中，许多企业曾经取得过辉煌的成就，但由于领导者未能持久地培养危机意识，使得企业最终在舒适区消亡。换句话说，面对危机并不可怕，可怕的是缺乏危机意识。只有通过加强危机意识，才能及早防范风险。而要想实现企业的快速发展，领导者必须对危机意识的重要性有充分的认识，这样才能确保在意识上做出根本性的转变。

总的来说，领导者危机意识的重要性主要体现在 5 个方面：

1. 影响企业的灵活性和适应能力

具备危机意识的领导者能够在市场竞争激烈的环境中保持灵活性。他们不仅能够及时调整组织的战略和方向，还能迅速做出决策和行动，以适应新的情况和挑战。他们对市场需求和客户期望的变化有着清晰的认识，能够及时调整产品或服务的特点和定位，以满足市场的需求。

领导者较强的危机意识还使得企业能够更好地抓住机遇并应对挑战。他们能够识别到市场中的新兴趋势和机会，并迅速采取行动来利用这些机会。他们敢于冒险和创新，能够带领团队开辟新的业务领域或推出创新产品。与此同时，他们也能及时应对各种挑战和困难，采取适当的措施来避免或减轻潜在的风险。

危机意识较强的领导者还能够在企业内部促进灵活性和适应能力的发展。他们鼓励员工持续学习和发展，以适应不断变化的环境。他们倡导创新和变革，鼓励员工提出新的想法和方法。这种开放和灵活的企业文化有助于培养员工的创造力和适应能力，使企业能够更好地应对外部环境的变化和挑战。

另外，危机意识对于企业的战略规划和业务决策也具有重要影响。具备危机意识的领导者能够更准确地评估风险和回报，并在制定战略和决策时考虑到潜在的危机因素。他们能够制订合理而灵活的战略计划，考虑到不确定性因素并制订相应的备选方案。这样的战略规划能够增强组织在不确定环境中的抵御能力，减少因危机而导致的损失。

2. 迅速应对各种挑战和困难

危机意识较强的领导者在面对各种挑战和困难时能够迅速做出反应和

应对。他们拥有灵活性和适应性，能够在变化的环境中迅速调整组织的资源和流程。他们不会被固定的思维模式所束缚，而是具有开放的心态和创新的思维，能够从多个角度思考问题，并找到解决方案。因此，当危机降临时，他们不会陷入恐慌或被困在不知所措的状态中，而是能够保持冷静和清晰的头脑，迅速分析形势后做出决策。首先，他们能够评估危机的影响和潜在的风险，并采取适当的措施来应对和化解危机；其次，他们能够迅速调整组织的战略和方向，重新分配资源，以适应新的情况和挑战。

具有高度危机意识的领导者常常展现出积极主动的态度。他们不只是被动地应对危机，而是更主动地寻找机会和解决方案。他们鼓励创新和变革，激励团队成员提出新的想法和方法。他们能够将危机转化为机遇，并在团队中建立积极的危机应对文化。这种积极主动的态度能够帮助企业更好地应对和化解危机，使得组织能够保持在竞争中的敏捷性和反应速度，从而更好地满足客户的需求。

具有高度危机意识的领导者能够建立团队的信任和凝聚力，他们在危机中能够有效沟通和协调团队的行动，确保团队的一致性和协同作战，并鼓励团队成员发挥他们的潜力，同时为他们提供支持和指导。这种积极的领导方式能够激励团队克服困难和挑战，共同应对危机。

3. 有助于促进创新和变革

危机意识不仅有助于应对和化解危机，还能够促进创新和变革。当具备危机意识的领导者面对危机时，他们能够看到其中蕴含的机遇，并鼓励企业成员在这个关键时刻展现出创新和主动变革的能力。

这些领导者知道，危机是企业发展的重要契机，此时传统做法已不再适用，而需要寻找新的解决方案和方法。因此，他们鼓励员工思考和提出新的想法，并支持他们在实践中尝试创新；同时，为员工提供资源和支持，鼓励他们在危机中寻找新的商机和市场需求，以推动企业的发展，增强企业竞争力。

危机时期的不确定性和压力，往往能够激发组织内部的创造力和创新能力。具备危机意识的领导者能够利用这个机会，鼓励员工思考问题的不同角度，挑战现有的假设和常规思维。他们鼓励员工提出新的解决方案，推动企业在产品、服务、运营等方面进行改进和创新。通过持续的创新和变革，企业能够更好地适应变化的市场需求，保持竞争优势。

危机意识也有助于改变组织的文化和思维方式。具备危机意识的领导者能够推动组织从保守和守旧的思维模式转变为开放和创新的思维模式。他们鼓励员工接受变化，并为其提供培训和发展的机会，以提升创新能力和适应能力。这种文化转变能够增强组织的创新机制和创新氛围，为持续的创新和变革打下坚实的基础。

4. 有效管理风险和预防风险

具备危机意识的领导者能够提前预测和评估可能出现的风险，并采取相应的措施降低风险带来的损失。他们能够认识到，风险管理和预防是企业的重要责任，不仅要在危机发生后进行应对，更要在危机来临之前就进行有效的预防和规避，因此他们注重风险管理的全面性和系统性。通过对内外部环境的监测和分析，识别潜在的风险因素，并评估其对组织的影响和可能带来的损失。基于这样的评估，他们制定风险管理策略和措施，包括制定和执行安全规程、加强质量控制、建立有效的供应链管理机制等，以降低风险发生的概率和减轻风险带来的影响。

具备危机意识的领导者还重视建立危机管理机制。他们制定并实施应急预案，明确危机发生时的应对程序和责任分工。他们组建专门的危机管理团队，负责危机的监测、分析和协调应对措施。这些团队成员通常具备专业的知识和技能，并经受过相关的培训和演练，以确保在危机发生时能够迅速、有效地应对。

领导者注重通过培训和提升员工的危机应对能力来增强组织的整体抗风险能力，因为领导者意识到危机管理不仅仅是领导层的责任，也需要全员的参与和贡献。因此，他们投资于员工的培训和发展，提高他们对危机的认识和理解，提升他们在危机中的反应和决策能力。这样，企业的每个成员都能够在危机发生时做出正确的决策和行动，最大限度地保护组织的利益。

总之，通过高度重视风险管理和预防，具备危机意识的领导者能够使企业在危机发生时做出迅速、有效的反应，最大限度地保护企业的利益。他们不只是被动地应对危机，而是在危机来临之前就已经采取了预防和规避的措施。他们建立健全的危机管理机制，包括风险评估、应急预案和危机管理团队，以确保企业能够在危机中保持稳定、持续地运营。这种风险管理和预防的机制和文化使得组织能够更好地应对潜在的风险和挑战，保持竞争优势并取得持续的成功。

5. 有助于保护组织的声誉和信任

维护组织声誉和信任对于长期发展至关重要。领导者的危机意识在维护组织的声誉和信任方面扮演着至关重要的角色。危机时期，领导者能够通过积极的沟通和解释，避免舆论负面影响的扩大，保护组织的形象和信誉。

具备危机意识的领导者善于及时沟通和解释。首先，领导者与组织内外的利益相关者都保持着紧密的联系，并主动向他们传达关于危机的信息。其次，领导者采取透明和负责任的态度，及时公布危机的真实情况，并解释组织所采取的措施和决策背后的原因。这种积极的沟通能够减少传言和猜测的产生，增强利益相关者对组织的信任。

具备危机意识的领导者致力于建立信任和稳定的关系。首先，领导者与员工、客户和其他利益相关者保持着开放和坦诚的沟通，倾听他们的关切和建议，并及时回应他们的需求。其次，领导者关注并关心利益相关者的利益和福祉，努力满足他们的期望，建立良好的合作关系。这种信任和稳定的关系能够在应对危机时起到关键的作用，使得利益相关者更愿意支持和信任组织，从而减轻危机对声誉的负面影响。

具备危机意识的领导者明白声誉的重要性，并知道危机时期的声誉损失可能对组织产生深远的影响。他们通过积极的危机管理和沟通，努力降低危机对声誉的冲击，寻求恢复和重建声誉的途径。这种持续的努力能够改善组织的公众形象，维护良好的声誉和业务合作关系，为组织未来的发展打下坚实的基础。

高心理韧性领导者的特征

没人能预料到，新型冠状病毒会演变成全球性的疫情，改变了每个人的生活，也将无数企业推入前所未有的危机之中。在疫情的沉重压力下，全球已有数十万家公司倒闭。根据国家企业破产重组案例信息数据，仅在2020年1月1日至4月15日之间，已经披露的国家企业破产案例总数就达到了 6272 件。中国制造业 500 强中，超过一半的企业遭受了严重的亏损。与此同时，我们也看到了一些企业在逆境中逆势而上，实现增长。面对同样的危机，为什么一些企业能够逆流而上，而另一些企业却倒下了呢？实际上，那些在危机中存活下来，甚至从巅峰跌至谷底再次反弹的企业，它们的领导者都具备一个共同的特点——高度的心理韧性。

高心理韧性的领导者能够展现出内在的坚韧与积极的心态，善于解决问题、适应变化，并重视个人成长和社会支持。他们能够在面对挑战和压力时保持稳定，并能够激励团队朝着共同的目标前进。作为领导者，要努力培养高心理韧性，以更好地应对挑战和压力，并取得成功。

1. 高心理韧性领导者的特征

高心理韧性的领导者具备较强的控制感、自信乐观、情绪调节能力强、解决问题的能力强、适应性强、灵活性强、学习成长导向以及社会支持等特征。这些特征使他们能够在面对压力、挑战和逆境时保持稳定和坚韧，并激励团队一起克服困难。

一般来说，高心理韧性的人拥有"内部控制点"。他们相信自身因素，如自我信念、采取的行动等会影响事件的结果。虽然有些因素是我们无法控制的，如自然灾害、疫情等不得不归咎于外部原因，但高心理韧性的领导者具备强烈的控制感，他们相信他们对自己和组织有着一定的控制权。他们不会被困境和不可控的因素打败，而是专注于他们能够掌控和改变的方面。

高心理韧性的领导者表现出自信和乐观的态度。他们对自己和团队的能力充满信心，并相信他们能够应对挑战和困难。即使面临困境，他们也能够保持积极的心态，并鼓励团队成员保持乐观。

高心理韧性的领导者具备出色的情绪调节能力，能够在压力和挑战下保持冷静和理智。他们能够准确识别自己的情绪反应，了解导致情绪产生的原因，很好地处理自己的情绪，从而让自己专注于应对危机之下的现实情况，并采取积极的方式来处理和应对情绪。

解决问题的能力对于心理韧性十分重要。高心理韧性的领导者是优秀的问题解决者。当危机出现时，他们具备分析问题、找到解决方案的能力，并能够在团队中引导和激励成员一同克服挑战。

高心理韧性的领导者具备适应性和灵活性，能够迅速调整自己的思维和行动方式以适应变化的环境和要求。他们能够灵活地变换策略和方法，并在充满不确定性因素的情况下做出明智的决策。他们不畏惧变化，而是将其视为机会来创造新的价值。

高心理韧性的领导者具备学习和成长的导向。他们持续投资自己的教育和发展，并鼓励团队成员不断学习和成长。他们认识到学习是一个持续的过程，并从每次的经验中吸取教训和启示，以不断提高自己和组织的能力。

应对危机时，社会的支持十分重要。高心理韧性的领导者理解并重视社会支持的重要性，知道在困难时可以依靠他人的支持和帮助，这有助于增强他们的韧性和应对能力。因此，高心理韧性的领导者往往拥有一个由朋友、家人、同事等组成的稳定强大的社交网络，以保障他们在遇到危机与困难时，能够获得必要的社会支持。

2. 建立心理韧性的途径和方法

心理韧性是可以在任何年龄段被培养的。那如何建立心理韧性呢？通过采取以下四个方法，领导者可以建立心理韧性，提高他们在面对挑战时的适应能力和应对能力，并在不断成长和发展中取得成功。

第一，把握内部控制点。内部控制点是指我们可以直接控制或影响的因素。面对危机时，作为领导者与其关注那些无法控制的事情，不如专注于那些可以改变的方面。这种内部控制的意识有助于领导者保持积极的心态和主动性。研究表明，有能力想出解决问题的方法的人更有可能成功地解决问题。把握内部控制点，首先，需要识别出可以控制的事情，包括态度、行为、思维方式和反应方式等。思考自己在当前情况下可以采取哪些具体的行动，以解决问题或改善情况。这种主动性和积极性有助于领导者摆脱被动状态，寻找解决问题的途径。其次，可以利用内部控制点来制订行动计划。如制定优先级，将大问题分解为更小的可管理的任务，并逐步解决它们。这种有针对性的行动有助于提高领导者解决问题的效率和成功率。

第二，培养自信。自信是心理韧性的重要组成部分。领导者可以通过不断学习和成长来增强自信。首先，领导者可以投资个人的发展，提升自身的技能和知识水平。其次，领导者应该了解自己的优势和能力，并相信自己能够应对各种挑战。自信的领导者能够更好地应对压力和困难，并激励团队成员朝着共同的目标前进。最后，领导者要保持乐观的心态。乐观主义者往往具有较高的心理韧性，即使处于危机或逆境中，他们也能够将注意力集中于如何使自己的处境变得更好这方面。

第三，培养应变和解决问题的能力。领导者需要具备的应对变化的能力，可以通过模拟和应对不同情境的训练来提高，以便在变化和挑战出现时能够迅速做出反应。这包括培养灵活性、快速适应新环境和转变策略的能力。领导者也应该学会有效地解决问题和应对挑战。可以采用系统化的方法来解决问题,如分析问题的根本原因、制订解决方案及可行的执行计划。领导者应该培养分析和判断的能力,学会从多个角度思考问题,并寻找创新的解决方案。

第四,建立支持系统。个人的力量固然重要,但作为一种社会关系的产物,人们心理韧性的形成离不开外部的支持。外部的支持、安全的关系能够消除压力、困难、创伤等对人们潜在的负面影响。为此,领导者应建立一个有效的支持系统,包括同事、朋友、家人或导师等。这些人可以提供支持、鼓励和建议,帮助领导者度过困难时期。领导者可以与这些人分享问题和挑战,寻求建议和反馈。

韧性是应对危机的关键能力与素质

在"黑天鹅""灰犀牛'盛行的时代,领导者的韧性作为应对危机的关键能力和素质,不仅可以使个体能够快速适应并恢复正常状态,也决定着企业是否可以持续发展。作为领导者的一项关键能力和素质,韧性取决于领导者积极的情绪和心态,以及有效地应对压力和恢复正常的能力。这些因素使得具备韧性的个体及其组织能够更好地面对危机,寻找解决方案,并在逆境中展现出坚韧和适应性。

1.心理弹性和适应能力

心理弹性和适应能力使个体能够在危机中迅速适应并恢复正常状态。这种心理弹性使个体更具备适应危机环境的能力,能够在困难和挑战面前持续前进，并寻找机会和出路。

首先，心理弹性使个体能够在危机中保持冷静。面对紧急情况或挑战，具备韧性的个体不会被恐惧、焦虑或恐慌所淹没。相反，他们能够保持冷静的头脑，清晰地分析问题，并做出理性的决策。他们不会被情绪所左右，而是能够在压力下保持清醒和冷静，从而更好地应对危机。

其次，心理弹性使个体能够灵活地应对变化。危机常常伴随着各种变化和不确定性，而具备韧性的个体能够迅速适应这些变化。一是他们不会固守旧有的思维模式和方法，而是愿意接受新的观点和方式。二是他们能够快速调整自己的思维方式，寻找新的机会和出路，以应对不断变化的局势。

最后，心理弹性使个体能够找到有效的解决方案。具备韧性的个体在危机中能够寻找并发现解决问题的方法，他们不会被困境所束缚，而是致力于积极寻求创造性的解决方案。他们能够思考多种可能性，并尝试用不同的方法来克服困难。他们具备寻找新的机会和出路的能力，从而能够更好地应对危机。

2. 积极的情绪和心态

韧性使个体能够在面对危机时保持积极的情绪和心态。具备韧性的个体能够抵抗消极情绪的影响，保持乐观、自信和勇气。他们能够以积极的态度面对困难，并看到其中蕴藏的机会。这种积极的心态为他们提供了坚持和前进的力量，使他们更有可能应对挑战，并找到解决问题的方法。

首先，具备韧性的个体能够抵抗消极情绪的影响。在危机中，人们可能会有恐惧、焦虑、失望或绝望等消极情绪。然而，具备韧性的个体拥有在危机中保持情绪平衡和稳定的能力，他们不会被消极情绪所淹没，而是能够认识到这些情绪的存在，并采取积极的方式来处理。总之，具备韧性的个体能够掌控自己的情绪，避免情绪影响决策和行动，从而更好地面对挑战。

其次，具备韧性的个体能够保持乐观、自信和勇气。他们相信自己有应对危机的能力，并相信困境中存在着机会和解决方案。他们具备积极的心态，相信自己可以克服困难并取得成功。这种乐观和自信的态度为他们提供了动力和坚持的力量，使他们更有信心面对挑战和困难。

最后，具备韧性的个体能够以积极的态度面对困难，并看到其中蕴藏的机会。他们不将困境视为终点，而是将其视为一个学习和成长的机会。他们能够从困境中寻找启示和教训，发现新的可能性和创新的途径。他们相信挑战可以激发潜力、提供新的机遇，因此他们更有可能找到解决问题的途径。

3. 应对压力和恢复能力

具备韧性的个体能够有效地应对压力和恢复能力，这对于在危机中保持稳定和持续前行至关重要。具备韧性的个体具备一系列应对压力的策略和能力，能够有效地管理自己的情绪，并在面对压力时保持稳定和高效的工作状态。

首先，具备韧性的个体能够管理自己的情绪。他们具备自我调节情绪的能力，能够认识自己的情绪状态，并采取适当的措施来管理和缓解压力带来的负面情绪。他们会通过冥想、深呼吸、运动或其他放松技巧来调整情绪，以保持内心的平静和稳定。通过有效的管理情绪，他们能够更好地应对压力，并保持思维的清晰和决策的准确。

其次，具备韧性的个体拥有有效的应对机制。他们知道如何积极应对压力源，而不是被其所压倒。他们可能寻求社会支持，与他人分享困境和压力，并从他人的经验和支持中获得帮助和鼓励。此外，他们也可能采取积极主动的行动来应对压力源，如制订应对计划、设定目标、寻求解决方案等。这些应对机制能够帮助他们有效地减轻压力的影响，并保持自己的稳定和积极性。

最后，具备韧性的个体有适应压力的能力。他们能够在面对压力时依然保持高效的工作节奏和良好的精神面貌。他们通常具备良好的压力管理技巧，能够将压力转化为动力，激发自己的潜能和创造力。他们能够通过保持专注和集中注意力，来处理复杂的任务，并在过程中不失冷静和灵活。此外，他们也知道何时需要休息和恢复，以保持身心的平衡和健康。因此，在危机后，他们能够迅速恢复并继续前行。

企业持续增长，韧性不可或缺

OPPO 品牌于 2004 年正式问世。凭借出色的 MP3 和 DVD 产品，OPPO 创立三年迅速占据了国内播放器市场的领先地位，但不久后播放器市场开始衰落，OPPO 公司面临着巨大的挑战。当时，国内外手机制造商已经开始争夺市场份额，智能手机市场的技术更新速度极快，市场环境也极其不稳定，这给手机制造企业的增长带来了巨大的压力。然而，OPPO 凭借着草根企业的韧劲，决定进军手机市场。依靠自己在 MP3 和 DVD 播放器时代积累的技术和设计经验，OPPO 专注于产品开发，以更长的筹备期、更好的技术创新为目标，致力于提供最佳的用户体验。最终，市场认可了 OPPO 的努力，其以务实和不甘平庸的态度在竞争激烈的手机市场中存活了下来。到了 2021 年，OPPO 在全球的智能手机销售量已达到 1.45 亿部，占据了全球市场份额的 10.7%，位列全球第四。这是智能手机发展史上的一个奇迹。

OPPO 的成功告诉我们，凭借执着和坚持，即使面临激烈竞争和不确定的市场环境，企业也有可能取得成功。OPPO 凭借积累的技术实力、设计经验和对用户需求的深刻理解，成功地打造了备受市场认可的产品，赢得了市场份额。事实上，OPPO 也鼓舞着其他企业，激励它们在困难时期保持坚定的信念，并为提供卓越的产品和绝佳的用户体验而努力奋斗。

企业持续增长离不开韧性。韧性使企业能够应对市场变化、风险和挑战，并具备创新和适应能力。有韧性的企业能够在不断变化的市场环境中找到新的机会，并保持可持续性增长。要做有韧性的企业，就必须建立稳健的风险管理体系，培养强大的组织文化，并不断提升员工的能力和心理弹性。

1. 有韧性的企业应对市场变化的策略

市场环境的变化是企业面临的常态，包括竞争压力、技术进步、消费者需求变化等。有韧性的企业能够灵活地适应这些变化，及时调整战略和业务模式。它们能够预见变化，快速做出反应，并采取必要的措施来保持竞争力。

有韧性的企业通过密切关注市场动态、收集和分析各种信息来了解竞争对手的动向、技术进步以及消费者需求的变化，以预测未来的变化，并及时做出相应的调整。通过准确预测市场趋势，有韧性的企业能够保持竞争优势并寻找新的机会。

有韧性的企业拥有灵活的组织结构和决策机制，使得信息能够迅速传达和处理。当市场环境发生变化时，有韧性的企业能够迅速做出反应，调整战略和业务模式。这可能涉及改变产品定位、调整市场营销策略、开发新的产品或服务，甚至进入新的市场领域。通过及时调整，有韧性的企业能够保持竞争力并适应新的市场需求。

有韧性的企业注重创新和追求竞争优势，鼓励员工提出新的想法和解决方案，推动技术创新和业务创新。通过不断改进产品、流程和服务，有韧性的企业能够在市场上保持竞争优势并满足不断变化的消费者需求。它们持续寻求新的增长机会，探索新的市场空间和合作伙伴关系。

有韧性的企业具备灵活的资源配置能力，拥有高效的沟通和决策机制，使得信息能够快速流通和共享。

2. 有韧性的企业应对风险和挑战的策略

企业在成长过程中面临各种风险和挑战，如经济衰退、自然灾害、法规变化等。有韧性的企业具备应对这些风险和挑战的能力。它们通常拥有稳健的风险管理体系、灵活的业务结构、多元化的收入来源、充足的资金储备、灵活的财务管理机制、强大的供应链网络，以及持续的创新和适应能力，可以有效应对各种风险和挑战，并保持稳定发展。

有韧性的企业明白风险是不可避免的，因此会采取积极的措施来识别、评估和管理风险，具体包括制订灵活的应急计划和业务连续性计划，确保企业在面临风险时能够迅速做出反应并减少损失。

有韧性的企业不依赖于单一的产品或市场，而是通过扩展业务范围、进入新的市场和行业，以及提供多样化的产品和服务来降低风险。这种多元化的经营战略使得企业能够在某个市场或行业受到冲击时，通过其他业务板块的支持保持稳定。

有韧性的企业意识到在面临风险和挑战时资金的充足至关重要。因此，它们制订财务计划，保持适度的现金流和储备资金，以便在困难时期应对突发情况，同时为未来的增长机会提供支持。此外，有韧性的企业还注重构建强大的供应链网络，与供应商建立紧密的合作关系，确保供应链的稳定性和弹性。这包括与多个供应商建立战略合作伙伴关系，定期评估供应链风险，并制定备选方案以应对潜在的供应中断。

3. 有韧性的企业的创新和适应能力

创新和适应能力是有韧性的企业的重要特质。有韧性的企业鼓励员工创新思维，不断改进和优化业务流程，密切关注市场变化和客户需求，并寻求变革和发展的机会。通过培养创新和适应能力，有韧性的企业能够在不断变化的市场中保持竞争力，并实现持续增长，获得成功。

有韧性的企业鼓励员工提出新的想法和解决方案，并提供资源和支持帮助员工参与创新活动。这种开放的创新环境激励员工思考问题，寻找新的机会，并为企业带来新的商业模式、产品或服务的创造。

有韧性的企业意识到不断提高效率和质量是保持竞争力的关键，为此通过引入新的技术、自动化流程、优化资源配置等方式，不断改进业务流程，提高生产效率和客户满意度。这种持续改进的文化使得企业能够适应市场变化，并更好地满足客户的需求。

有韧性的企业密切关注市场的变化和客户的需求，并积极寻求变革和发展。它们进行市场研究和分析，了解客户的偏好和需求变化。通过这种市场敏感性，有韧性的企业能够及时调整产品和服务的特性、定位和定价，以满足客户的需求并保持市场竞争力。此外，有韧性的企业还与客户保持密切的沟通和合作，以获取反馈和建议，来进一步改进产品和服务。有韧性的企业通过不断寻求变革和发展，来适应市场的变化和面对激烈的竞争，从而保持持续增长和竞争优势。

4. 有韧性的企业强大的企业文化

强大的企业文化对于有韧性的企业的成功至关重要。通过建立强大的企业文化，有韧性的企业能够激发员工的潜力，使他们在困难和挑战面前也能够保持积极的态度，拥有强大的行动力。这种强大的企业文化能够增强企业的适应能力，并为持续的发展提供坚实的基础。

有韧性的企业鼓励团队合作和协作。这种文化促使员工之间建立起良好的工作关系，并共同努力解决问题和应对挑战。团队合作能够凝聚员工的力量，让他们共同应对困难，并通过集思广益的方式找到解决方案。

有韧性的企业认识到变化是不可避免的，因此它们鼓励员工培养灵活性和适应能力。这种文化能够减少员工对变化的恐惧，使他们能够迅速适应新的情况，并主动寻找应对策略。同时，有韧性的企业鼓励员工尝试新的想法和方法，并接受可能会面临的失败。企业通过分享失败的经验教训，帮助员工从中汲取教训，改进工作方式，并避免重复犯同样的错误。

有韧性的企业重视培养员工的心理弹性。这种文化注重员工的心理健康和幸福感，在遇到挑战和困难时鼓励他们保持积极的心态，并提供培训、辅导等来帮助员工发展应对压力和逆境的技能。

有韧性的企业培养员工解决问题的能力。这种文化鼓励员工主动寻找解决问题的方案，发现创新途径，并在困难时期保持冷静和理性。企业通过提供培训和发展机会的方式，来帮助员工提升解决问题的技能和思维方式。

领导者如何在危机中启动韧性飞轮

长江商学院的副教授张晓萌和高级研究员曹理达在《韧性：不确定时代的精进法则》一书中提出的韧性飞轮模型，为我们提供了一个有助于个人和组织实现持续成长和发展的理论框架。该模型认为，通过"觉察"、"意义"和"连接"这三个重要"叶片"的协同作用，个人和组织可以培养和增强韧性，来应对挑战并实现可持续发展。

作为现代企业的领导者以及一个有担当的有韧性的企业，在危机中不可盲目乐观，而是应该将"韧性飞轮"的能量传导给更多人，去推动个人到组织的韧性转化和激发，从不确定性中获益。这也是高韧性危机领导力的题中应有之义。

1. 韧性飞轮模型：觉察、意义和连接

韧性飞轮模型的理论基础是"飞轮效应"。飞轮效应是指在企业或组织中，一开始需要付出巨大的努力来推动一个初始的想法或项目，就像是把一个巨大的飞轮启动起来。最初的阶段可能会感觉进展缓慢，需要投入大量的时间、资源和精力，但一旦飞轮开始转动，便会逐渐增加速度，并变得更加容易推动。飞轮效应的关键在于持续的努力和积累。飞轮转动起来后，便会产生动力，进而吸引更多的资源和支持。之后，随着时间的推移，飞轮的转速会越来越快，对推动力的要求也会减少，反而会产生更大

的影响力和成果。

韧性飞轮模型三个重要的"叶片"——觉察、意义和连接共同联动并相互促进,形成一个无缝协同的整体,助推个人的韧性持续发力。觉察是指个人对自身的认知和觉察能力,包括对自身心理状态、归因风格等可见和不可见特性的认知、觉察和改变。通过深化自我觉察,个人可以更好地理解自己的优势和劣势,并采取积极的行动来提升自己的韧性。意义是个人与世界的关系,包括对自身目标体系的梳理,发掘、培养和深化专注的"热爱"等。通过寻找和明确个人的目标和意义,个人可以在困难和挫折面前保持积极的心态和情绪。连接是个人与他人的关系,包括对社会性的认识、沟通、信任和利他等多个方面。通过与他人建立良好的关系并共同提升韧性,个人可以从团队和社区的支持中获得力量和鼓舞。

韧性飞轮模型强调持续性小赢的行动对于开启飞轮的转动至关重要。就像飞轮效应中的初始动力一样,个人需要在日常生活中不断积累微小的成功,积少成多,滴水穿石。无论是深化自我觉察、探寻意义,还是加强与他人的连接,都需要持续性小赢的行动作为支撑。

2. 提升团队和组织的整体韧性

韧性的打造不仅是个人的修炼,也需要领导者"输出"对团队和组织的关怀与帮扶。尤其是对于员工心理层面的需求和挑战,领导者的关注是至关重要的。通过授人以渔而不是授人以鱼的方式,领导者可以帮助员工培养韧性,从而提升团队和组织的整体韧性。

领导者首先应该了解员工的个人需求和压力。通过沟通和倾听,领导者可以与员工建立信任和共情,并为其提供适当的支持和资源。比如提供心理健康资源、培训和发展机会,以及灵活的工作安排等。通过关注员工的心理层面，领导者可以创造一个鼓舞人心的工作环境，有助于员工培养和增强韧性。

在了解员工的基础上，领导者还应帮助员工发展他们自己的韧性能力，而不是简单地解决问题或提供解决方案。这意味着领导者应该鼓励员工主动解决问题，培养他们的问题解决能力和自主性。通过提供支持、指导和资源，领导者可以帮助员工建立应对挑战和逆境的能力，从而增强他们的韧性。

要让员工发展自身的韧性能力，授权和信任是必不可少的。领导者需要授权和信任老员工和高管，让他们发挥自己的能力和经验。这种授权和信任可以激发高韧性群体的领导力和创造力，同时也为其他低韧性群体提供了榜样和指导。通过授权和信任，领导者可以赋能整个团队，提升整体韧性。

韧性是一种集体能力，团队成员之间的合作和支持可以弥补个体韧性的不足。因此，领导者要大力促进团队成员之间的合作和支持。通过鼓励团队成员分享经验、提供互助和支持，以增强团队的整体韧性。

领导者必须全力塑造积极的团队文化，鼓励团队成员保持积极的态度和情绪。比如通过表扬和认可团队成员的成就和努力、提供支持和资源，以及创建积极的工作环境等方式来实现。积极的团队文化可以增强团队成员之间的凝聚力和动力，从而提升整体韧性。

需要特别引起重视的是企业内的焦虑情绪。焦虑是现代社会的一种常见的情绪。领导者应该关注焦虑情绪在企业内的传播。首先需要明白，情绪源于想法，在危机中领导者尤其要将事实和想法分开，不要成为焦虑的放大器和传导者。此外，要采取积极的措施来帮助员工管理和减轻焦虑。

比如，直面问题，不粉饰遮掩，明确战略目标并为最差情况准备预案；设身处地地考虑员工的生活困难，身先士卒参与志愿服务和公益活动；提供心理健康支持和资源，组织培训以提升韧性技能，建立支持和合作的团队文化等。这些方法，将有助于化解焦虑，来应对不确定性的挑战。

第二章
危机意识的培养

    培养危机意识可以采取多种方法，本章探讨的建立信息收集和分析机制、制定警戒线和风险评估标准、培养系统思维能力、借鉴历史案例和经验教训、在模拟和演练中亲历和应对危机情境等方式方法，将有助于领导者识别和应对危机，提高决策能力和危机管理技能，从而保护组织的利益和成功应对挑战。

了解环境和行业，识别不同危机

清华紫光笔记本电脑"换芯"事件是由一位上海顾客频繁遇到死机问题引起的。该顾客发现自己使用的紫光笔记本电脑实际上搭载的是台式机的 CPU，尽管数度与紫光进行交涉，仍未获得满意的解决方案。由于极度失望，该顾客向媒体投诉，指责清华紫光恶意欺诈消费者。媒体报道后，对清华紫光的声誉产生了极其不利的影响。清华紫光产品在顾客心中的形象大受损害，面临严重的信誉危机。在随后的说明中，清华紫光向媒体解释称，使用台式 CPU 是笔记本电脑制造技术的发展趋势，但效果并不好。

了解环境和行业是为了理解事件发生的背景和相关情况。在上述事件中，了解清华紫光所处的笔记本电脑行业以及竞争对手的情况，可以拥有更全面的视角。了解行业趋势、技术发展以及顾客需求变化等因素，将会避免这类危机事件的发生。此外，识别不同危机是为了确定事件所涉及的具体危机类型。危机可以分为多种形式，如声誉危机、产品质量危机、管理危机等。在清华紫光笔记本电脑"换芯"事件中，可能涉及声誉危机和消费者信任危机。理解危机类型将有助于采取适当的应对策略和解决方案，从而避免危机事件的发生。

要培养危机意识需要了解环境和行业，并能够识别不同类型的危机，也需要培养团队的危机意识以及制订应对策略和应急计划。这样的领导力能够更好地应对危机，并保持企业的稳定和发展。

1. 了解环境和行业

通过对环境和行业的深入了解，能够更好地预测和理解可能出现的危机。这种敏锐的意识和行动力使企业领导者能够在竞争激烈和不稳定的环境中保持竞争力。只有对市场趋势、竞争对手、政治和法律环境以及技术发展等有全面的了解，才能更好地预测和理解可能出现的危机。

了解市场趋势是了解环境和行业的一项重要任务。要密切关注市场的变化和趋势，包括消费者需求和偏好的变化，以及竞争对手的行动。通过了解市场趋势，可以预测市场的未来发展，从而及时调整战略和业务模式，以保持企业的竞争力。

此外，对竞争对手的了解也至关重要。要了解竞争对手的策略和行动，包括产品创新、市场拓展、价格调整等。通过了解竞争对手的动态，可以预测竞争态势，及早发现潜在的危机，并采取相应的措施来保护企业的利益。

政治和法律环境的变化也可能对企业产生重大影响。了解相关的法律法规、政策变化和政治风险，将有助于及时调整企业的运营策略，遵守法律法规，降低政治风险，并预测可能出现的危机和挑战。

技术发展情况也是需要关注的重要领域。了解当前和未来的技术趋势，以及技术对行业和企业的潜在影响，有助于企业在技术变革中保持敏锐的洞察力，并制定相应的战略和应对措施。因此，应密切关注技术的创新和应用，以便在竞争中保持优势，并应对可能出现的技术危机。

2. 识别不同类型的危机

识别不同类型的危机对于危机意识的培养至关重要，因为不同的行业和企业可能面临着不同的危机，如经营危机、制度危机、管理危机、安全危机和竞争危机等。这就需要企业领导者具有这方面的领导力，要针对每种危机类型采取相应的措施和策略，以保护企业的利益、提高绩效和应对挑战。

经营危机是指与企业的日常经营活动和财务状况相关的危机，包括销售额下降、利润下滑、现金流问题等。经营危机由多种原因引起，如市场变化、供应链问题、不良管理决策等。这就需要企业领导者能够迅速识别和解决经营危机，而采取的措施则应包括调整产品组合、改善运营效率、寻找新的市场机会等。

制度危机指的是与企业的规章制度或合规程序相关的危机，包括合规违规、内部控制失灵、腐败丑闻等。制度危机会对企业声誉和信任造成重大损害。因此，企业领导者要建立健全的规章制度，并确保员工的合规意识和行为符合规范。此外，还应积极回应危机，采取透明和负责任的态度恢复企业声誉，重新赢得内外对企业的信任。

管理危机涉及组织内部的管理问题，包括领导者能力不足、内部冲突、团队不和谐等。管理危机可能导致组织的效率和执行力下降，进而影响企业的整体运营。因此，企业领导者要注重培养领导力和管理能力，建立有效的沟通和团队合作机制，解决管理危机并提高企业绩效。

安全危机指的是涉及员工、客户或公众安全的危机，包括工作场所事故、产品质量问题、数据泄露等。安全危机会对企业的声誉造成重大影响，甚至可能涉及法律责任问题。因此企业领导者要重视企业的安全问题，并采取适当的措施来预防或应对安全危机，以确保员工和客户的安全。

竞争危机是指与竞争对手之间的竞争关系相关的危机，包括市场份额的损失、产品落后、竞争策略失效等。企业领导者要进行市场竞争分析，了解竞争对手的优势和弱点，并制定相应的竞争策略，如产品创新、调整市场定位、提高客户体验等。通过积极应对竞争危机，保持企业的竞争优势和市场地位。

3. 培养团队的危机意识

培养团队的危机意识对于企业的危机管理至关重要。企业领导者不仅需要自身具备危机意识，还应该注重培养团队成员的危机意识，使其能够在面对不同类型的危机时有足够的敏锐度和反应能力，从而增强企业的整体危机管理能力。

培训是培养团队危机意识的一种有效方法。企业领导者可以组织危机管理培训，向团队成员传授危机识别、分析和应对的知识与技能，包括了解不同类型的危机、危机管理的原则和方法等。通过培训，团队成员可以增强对危机的认识，提高对潜在危机的预警能力。

另外，要注重鼓励知识共享和经验交流，以促进团队成员对危机的理解和学习。定期组织团队会议，让团队成员分享他们在危机管理方面的经验和教训，将有助于建立一个学习型组织，通过团队成员之间的互动和反思，不断提升团队整体的危机意识和应对能力。

定期讨论危机案例也是培养团队危机意识的有效方式。可以定期选取一些真实或模拟的危机案例，与团队成员进行讨论和分析，从而促使团队成员深入了解危机的发展过程、应对策略和效果，提高他们对危机的认知和应对能力。

4. 制订应对策略和应急计划

企业领导者在企业危机处理过程中所做的决策和所采取的行动起着关键的作用。当领导者面临潜在的危机时，需要制订应对策略和应急计划，并与团队成员共享和协调。通过有效的危机管理，可以最大限度地减轻危机的影响，并为企业的稳定和发展奠定基础。

领导者要深入了解危机产生的根本原因、潜在影响和可能的发展趋势，如收集和分析相关数据、调查利益相关者的观点以及进行风险评估等，然后制定可行的策略来应对危机，如减轻风险、恢复经营和保护声誉等。制定应对策略时，应该考虑到企业的资源和能力，并确保策略的可执行性。有了策略还要制订详细的应急计划，包括明确的行动步骤、责任分工、资源需求和沟通渠道等。应急计划应具备灵活性和实施性，能够在危机发生时迅速启动并有效应对。通过制订详细的应急计划，领导者可以使团队成员清楚地知道他们需要采取的行动，并确保团队协调一致。制订应急计划后需要与团队成员共享，并确保团队成员的理解和支持。团队成员之间的协调和配合是危机管理成功的关键因素之一。领导者需要与团队成员保持密切的沟通和合作，确保危机处理过程中的信息流畅和行动一致。

领导者的决策和行动将直接影响到危机处理的效果，因为领导者在危机处理过程中要做出关键的决策并积极、迅速地采取行动，这其中涉及资源的调配、问题的解决和风险的控制等问题。领导者的决策应该基于客观分析、全面考虑利益相关者的利益，并能够及时调整策略和计划。

建立信息收集和分析机制

优衣库作为较早进入我国市场的一个快时尚品牌，近年来并没有出现下滑，而且每次有新产品上市时，都会被抢购一空。优衣库之所以能够在激烈竞争中保持强劲增长势头，信息的收集与分析功不可没。多年来，优衣库建立起了完善的信息系统，收集各门店每周的销售数据、客户购买习惯、市场反馈等信息。员工需要熟练运用大数据技术，对海量信息进行整理和分析。通过分析历史销量、顾客偏好等数据，优衣库能提前判断某款产品的市场潜力，安排生产与仓储，减少盲目生产。同时结合市场反馈，优衣库还可以及时调整设计与销售策略，确保产品迎合客户品位。信息分析支持了优衣库的"零库存"策略，降低了积压和折价处理的风险，也减少了浪费。

从这个案例可以看出，优衣库成功运用信息指导生产和销售，实现了高效运营。积极推进信息化建设，对企业提高市场应变能力和维持竞争优势都非常关键。信息的收集、分析及应用不仅是企业核心竞争力的体现，也是危机意识培养的一个重要方面。

毫无疑问，危机意识的培养需要建立完善的信息收集和分析机制。借此对企业内外的变化保持敏感和关注，培养危机意识，并以信息为基础做出正确的决策。这对提高领导者的领导力和带领组织应对各种危机至关重要。

1. 建立信息收集机制

信息收集是做出正确判断和决策的基础，因此企业需要建立信息收集机制，设立专门的信息收集部门或岗位，配置专职人员负责信息的收集工作。同时，信息的收集需要专业的能力，应由专门的部门使用专业的工具对信息进行收集，形成系统化的工作流程。同时要扩大信息收集的范围，除了收集企业内部的信息，还要关注企业外部的信息，如政策、法规、行业发展、市场变化、潜在竞争对手等。可以从多个渠道获取信息，形成全面的信息图景。

除了建立信息收集渠道，还要建立信息收集制度，形成常态化的信息收集机制。可以制定数据报告制度、重要信息上报制度等，让信息收集变成一个组织过程，而非个人行为。同时还要积极采用各种信息技术、构建信息库、使用大数据分析工具，提高信息处理能力。此外，要定期对信息收集机制进行评估，补充不足之处，配合组织目标的调整，适时优化信息收集流程，保持机制的有效性。

总之，通过建立专业化、系统化、常态化的信息收集机制，企业可以持续获取各方面信息资源，这是做出正确决策的基础。信息收集机制的建立需要企业高度重视并投入资源，保持机制与时俱进。

2. 建立信息分析机制

光有大量信息还不够，关键是要能对信息进行整理、分析，找出对企业有影响的重要信息。信息分析工作可以由专门的团队或部门来承担。他们需要对收集到的大量信息进行过滤、整理、分析，找出对组织目标和发展有重大影响的信息，也可以制定信息分析的标准流程，让信息分析工作更加系统化。在分析信息的过程中，要紧扣企业目标和发展战略，从中找出信息变化对企业的影响，以及可能产生的机遇和威胁，对重要信息要进行深入研判和风险评估。

利用信息技术如建立信息数据库、应用数据分析工具、进行多维度分析等，可以大幅度提高信息分析效率。要将信息转化为标准化的指标体系，进行动态监控。同时，信息分析结果要以简洁清晰的形式呈现给决策者，突出重点，也应该积极与相关部门沟通，把分析结果转化为实际行动。

总的来说，建立一套专业化、流程化、系统化的信息分析机制，可以科学运用信息资源，使之对企业决策产生真正的价值。当然，这需要企业积极建设信息化基础设施，进而形成学习型、数据驱动型组织。

3. 学会运用信息

信息收集和信息分析的目的是辅助决策，制定应对措施。如果企业领导者不善于运用信息指导决策，那么信息的价值就无法实现。因此要提高信息运用能力，就需要领导者具备敏锐判断、快速反应、系统推进、开放沟通的素质。这也是领导力的重要体现。

首先，要及时针对重要信息制订应对计划和措施。信息变化可能影响企业目标，领导者要敏锐抓住信息反映的问题和机遇，快速做出响应，减少信息变化带来的负面影响。其次，要将信息转化为具体的执行方案。信息本身只提供问题分析，真正解决问题还需要转化为项目计划、资源保障、责任分工等可操作的方案。要将重要信息传达给企业成员，特别是基层员工，以提高员工对环境变化的敏感性和应变能力。员工对企业所面临的挑战和机遇了解得越多，就越能积极主动地做出贡献。此外，领导者还要对信息使用过程进行跟踪和评估，强化信息与决策、执行的闭环。评估信息应用效果，从中吸取经验教训，不断提高信息运用能力。

总之，企业领导者要将重要信息转化为行动，及时做出响应和调整，确保企业目标不被信息变化所影响。同时还要就信息与企业员工进行沟通，提高员工的危机意识。

制定警戒线和风险评估标准

A 公司 2021 年 5 月通过中国制造网接到的法国客户订单金额高达 45 万欧元，用欧元结算。因美元在 5 月份波动较大，很多机构都鼓励企业改用欧元结算，当时欧元的平均汇率是 1 欧元 =7.8174 元。可是，到 10 月份结汇时，1 欧元 =7.447 元。汇率变动让 A 公司承受了较大的损失。

在这个案例中，A 公司面临的主要风险是汇率风险。为了管理这种风险，A 公司制定了风险警戒线和风险评估标准。首先，A 公司设定了一个汇率波动幅度的风险警戒线。例如，公司可以设定一个汇率变动超过 5% 的阈值作为触发警戒线的标准。一旦汇率波动超过设定的阈值，公司就需要采取相应的措施来管理风险，如及时调整价格或寻找对冲工具来减轻损失。其次，A 公司采用了定量和定性相结合的方法来设定汇率风险评估标准。定量方面，公司使用了历史汇率数据和市场分析工具来评估汇率的波动性和潜在影响。同时，公司使用了风险度量指标来评估汇率波动可能造成的损失程度。定性方面，公司借助外汇专家的意见和市场预测来对汇率走势进行评估。此外，公司还密切关注外部环境因素，如经济和政治情况、市场对汇率的预期等都可能对汇率产生影响，导致汇率波动。公司应该密切关注这些因素，并在评估中纳入考虑，以更准确地评估汇率风险的重要影响因素。

A 公司的案例说明，在今日复杂又多变的商业环境中，提升企业领导者的危机意识来防范风险应该成为必备的课题。而制定明确的风险指标体系和评估机制，乃是提升企业领导者危机意识的一个重要举措。它可以帮助企业领导者科学地识别和管理各种可能面临的风险，保障企业的可持续健康发展。

1. 企业风险警戒线的制定

企业制定风险警戒线是为了确保经营活动的可持续性和稳定性。风险警戒线是一个关键的管理工具，能够帮助企业确定什么样的风险水平是可以接受的，以及在什么情况下需要采取什么措施来应对风险。制定风险警戒线，需要综合考虑风险评估、经营策略、外部环境和内部管理等多个因素。通过设定明确的风险警戒线，企业可以更好地管理和控制风险，确保业务的可持续发展。

企业需要通过风险评估来了解可能面临的各种风险类型和潜在的影响，如市场风险、财务风险、运营风险等。通过对这些风险进行评估，可以总结出代表不同程度风险的指标，如资产负债率、现金流情况、市场占有率变化等。明确各项指标对应的警戒值和评级标准，有利于及早发现风险信号。

在经营策略和目标上，不同的企业可能对风险有不同的容忍度，这取决于企业的战略定位、行业环境以及财务实力等因素。企业应该明确其风险承受能力，并根据经营策略和目标来设定风险警戒线。

制定风险警戒线，企业需要考虑内外部管理和控制的能力。企业应该建立有效的内部控制体系，包括风险管理政策、流程和监测机制。这些控制措施可以帮助企业及时发现和评估风险，并采取相应的措施来控制和应对风险。除了内部环境，企业还应该考虑外部环境的变化和不确定性。市场条件、政策法规、技术进步等因素都可能对企业的风险水平产生影响。企业需要密切关注这些内外部因素，并根据情况对风险警戒线进行调整。

2. 企业风险评估标准的制定

企业制定风险评估标准是为了系统性地评估和比较不同风险的重要性和影响程度。制定风险评估标准可以帮助企业确定风险的优先级，为风险管理和决策提供指导。企业制定风险评估标准需要明确目的和目标，采用多维度的评估指标，结合定量和定性方法，参考行业标准，并进行定期审查和更新。这样可以建立一个系统性、准确性和可持续性的风险评估框架，为企业的风险管理提供有效支持。

企业要明确评估的目的和目标。不同企业可能有不同的评估目的，如保护资产、确保业务连续性、遵守法规等。根据评估目的，企业可以确定评估标准的重点和侧重点，然后考虑使用多维度的评估指标来评估风险。这些指标可以包括潜在影响程度、发生概率、风险传播范围、依赖度和关联性等。通过综合考虑这些指标，来综合评估风险对企业的影响。

企业可以采用定量和定性相结合的方法进行评估。定量方法可以使用统计数据、历史记录和模型分析等进行风险评估。定性方法则可以基于专家判断、经验和专业意见进行评估。综合两种方法可以提高评估的准确性和全面性。此外企业还可以参考行业标准或最佳实践来制定评估标准。行业标准可以提供一些通用的评估指导和参考，帮助企业建立一个更为一致和可比较的评估框架。而且，企业可以根据自身的情况对行业标准进行调整。最后，由于风险环境和业务条件随时可能发生变化，因此评估标准也需要随之调整。由此，企业可以建立一个定期审查的机制，以确保评估标准的适应性和有效性。

培养系统思维的能力

有一家公司为了提升销售业绩，计划在 6 个月内扩张公司规模，招聘 6000 名销售人员，平均每个月新增 1000 名销售人员。这家公司错误地认为，人员增加得越多，销售业绩增长得就会越多。然而，由于扩张过快，在半年内扩大了 6 倍，最终导致了公司的倒闭。

另一家公司的销售团队面临不同的问题，他们在每个月初没有业绩，在月底时为了达成销售目标而疯狂冲刺。然而，下个月初他们又面临了业绩缺乏的局面。长此以往使得销售团队非常疲惫，整体销售业绩停滞不前，形成恶性循环。

这两家公司之所以会出现这样的问题，便是由于缺乏系统思维。企业好比一套生态体系，解决系统问题就需要管理者具备系统思维。系统思维是一种综合性的思考方式，能够帮助领导者更具洞察力和决策能力，从而有效地应对领导力危机。那么具体应该怎样做呢？

彼得·圣吉在《第五项修炼》中提出，系统思维的所有观念，都是以增强反馈、调节反馈和延迟效应这三个要素为基础建立的。通过这三个要素的培养,领导者可以提高对系统的理解和把握,以更好地规划和决策。下面我们从这三个方面来谈一谈领导者系统思维能力的培养。

1. 增强反馈:培养反馈的敏感性

增强反馈是指领导者通过有效的信息反馈机制来获取对组织和行动的准确评估。培养领导者对反馈的敏感性,主要包括两个方面:正向反馈和负向反馈。负向反馈提供了系统中存在的问题和矛盾的线索,帮助领导者识别潜在的风险和挑战。领导者需要积极倾听来自员工、同事和利益相关者的负向反馈,不忽视问题和挑战。这需要领导者拥有开放的心态,能够接受批评和建议,并将其视为改进和学习的机会。

增强反馈的敏感性需要建立有效的反馈机制,以便员工和团队成员能够安全地提供负向反馈,比如定期的个别会议、团队讨论或匿名调查等。要明确传达对负向反馈的欢迎态度,并确保提供反馈的渠道是开放和透明的。同时还应该展示对负向反馈的感激之情,鼓励员工分享问题,以促进组织的学习和改进。

在接收反馈后,需要加以分析和应用,将负向反馈作为改进和决策的依据,采取适当的行动来纠正问题和改进系统。这涉及与团队成员合作制定解决方案、调整策略或流程等。通过积极地利用反馈,领导者能够不断优化系统、提升绩效,建立起学习型组织的文化。

2. 调节反馈:量化和监测关键绩效指标

调节反馈是指领导者通过识别和管理组织中的关键绩效指标来保持系统的平衡和稳定。领导者要确定关键绩效指标,以反映系统的运行状态和绩效表现。这些指标可以是定量的,如销售额、客户满意度、生产效率等，也可以是定性的，如团队合作程度、创新能力等。要选择能够真实反映系统状况和目标达成程度的指标，并确保它们是可衡量和可追踪的。

确定关键绩效指标后，要找到适合自己企业系统的能够量化和监测关键绩效指标的工具或方法，比如数据报告或者自定义的数据收集和分析系统。这意味着需要进行数据的收集、整理和验证工作，以确保数据的质量和可信度。

领导者应该与团队共享数据和信息，以促进全员参与和共同努力，使团队成员了解系统的运行状况和目标，并与领导者一起制订相应的行动计划。通过共享数据，团队成员可以更好地理解自己的工作对整个系统的影响，从而更有动力和目标感地工作。

3. 延迟效应：实现系统绩效的改善

延迟效应是指领导者通过识别和利用系统中的延迟效应来实现系统绩效的改善。领导者需要具备长远的眼光和耐心，能够预见和评估决策的延迟效应，并综合考虑长期利益和可持续性。同时，应该持续关注反馈和结果，及时调整和修正策略，以确保系统绩效的持续改善。通过对延迟效应的认识和应用，领导者可以更好地引导和管理组织的发展。

在系统中进行改变和决策往往需要一定的时间才能显现出实际的效果，这是因为系统具有自我调节和反馈机制，变化和影响需要时间才能在整个系统中传播并产生可见的结果。领导者需要意识到这种时间延迟，并理解决策和行动的效果可能不会立即显现。同时，应该能够看到决策对系统整体的影响，而不仅仅关注短期的结果。这意味着领导者需要从整体和长远的角度思考问题，并识别系统中的延迟效应。比如可以通过长期规划和目标设定来应对延迟效应，使系统在长期内达到更好的绩效。

尽管延迟效应存在，领导者仍需要持续关注反馈和结果，并及时进行调整和修正。为此应建立反馈机制，收集和分析数据，以了解系统的绩效和变化趋势。通过持续关注，可以识别出系统中的问题和瓶颈，并采取适当的行动来调整策略和行为，以确保系统绩效的持续改善。同时应对试错持开放态度，并将其视为学习的机会。要鼓励团队进行实验和创新，并从中学习和改进。通过试错和学习的过程，可以更好地理解系统的复杂性，找到适合系统的关键绩效指标，并制定更有效的决策和行动计划。

借鉴历史案例和经验教训

借鉴历史案例和经验教训是培养危机意识的重要方式之一。那究竟该如何做呢？下面我们就通过一个案例来一起"借鉴"一下吧！

墨式烧烤是一家总部位于美国的快餐连锁店，在墨西哥卷饼和炸玉米饼方面享有盛誉，并在英国、法国、加拿大等地区设有分店。然而，就在2015年，美国数个州暴发了大肠杆菌疫情，导致大量消费者感染，其中包括超过200名在波士顿就餐的顾客，其中90人出现轻症，还有超过140名学生前往校医务室接受治疗。

对于这次疫情，相关人员调查发现与墨式烧烤有关。

疫情初期，墨式烧烤并未采取任何行动，也没有进行任何公关措施，如解释该事件的原因或向受害者道歉，管理层也未出面承担责任。他们坚信疫情与他们的食品无关，因为一直使用本地生产的食材，并没有添加任何防腐剂。这种不负责任的做法引起了消费者的严重不满，对墨式烧烤的业绩造成了严重影响，致使其消费者数量急剧下降，几周内大量门店关闭，营业额下降30%。更为严重的是，墨式烧烤还收到了法院传票，需接受刑事调查，同时投资者对其提起诉讼，指责他们在疫情的严重性上误导消费者，称其对食品质量的监管力度不够。最终，墨式烧烤只得在主流媒体上发表对消费者的道歉声明，CEO亲自出镜表示将加强食品安全管理。在这场危机过后，墨式烧烤关闭了所有门店，并举行了全员会议向员工道歉，提出了新的战略目标：调整食品储存的标准，将食品的卫生和安全放在最优先级。此外，他们还决定在所有门店安装空气过滤系统，这一举措在行业内是前所未有的。这一系列的措施使得墨式烧烤的股价反弹了5%。不久之后，他们成功从危机中恢复过来，2020年的总收入达到60亿美元，同比2019年增长了7%。

墨式烧烤的危机意识培养过程向我们展示了危机处理的重要性。而透明度、沟通能力、承担责任、吸取教训以及持续关注和加强危机意识是培养有效领导力的关键要素。企业只有在积极应对危机并从中学习的过程中才能获得成长和发展，重塑自身形象，并赢得利益相关者的信任与支持。

学习借鉴上述案例，其实就是通过借鉴历史案例和经验教训的方式来培养危机意识的一种方法。通过研究过去的危机事件，可以了解到危机的发展过程、影响和解决方案，从而在面对类似的情况时能够更好地应对。下面将重点探讨一下这种方法。

1. 研究失败案例，避免重复过去的错误

研究历史上的失败案例是培养领导者危机意识的一种重要途径。通过研究这些案例，领导者可以了解组织在危机处理过程中所犯的错误和失败

的原因，并从中吸取教训。这种学习有助于领导者避免犯类似的错误，更好地规划和执行危机管理策略及更加谨慎地权衡决策。

研究失败案例首先要收集相关的失败案例资料。可以通过各种渠道获取，包括书籍、学术研究、商业案例分析、新闻报道等，确保收集到的案例具有可靠的信息来源和详尽的描述，以便深入分析。对于每个失败案例都应该进行深入的分析，以了解导致组织失败的主要原因。这可能涉及对组织内部因素（如管理决策、战略规划、组织文化等）和外部因素（如市场变化、竞争压力、政策环境等）的审视。通过系统地分析这些因素，领导者可以获得洞察力，了解导致失败的根本原因。研究过程中应专注于挖掘其中的教训和启示，包括失败案例的详细回顾，寻找其中的成功策略和错误决策，以及对失败案例的后续发展和跟踪等。通过这种方式，领导者可以从失败案例中获得宝贵的经验，帮助自己更好地理解危机管理的关键要素。同时，要将不同的失败案例进行对比，以便发现共同的模式和趋势。这有助于形成更广泛的认识，并帮助领导者识别出普遍适用的教训和最佳实践。通过对比分析，领导者可以提炼出通用的原则和方法，以指导他们在面对危机时所采取的决策和行动。最后，应基于对失败案例的研究和分析制定相应的策略，包括改进组织的决策过程、强化风险管理机制、加强危机预警和应急准备等方面的举措。通过将失败案例的教训应用到实际操作中，领导者可以提高组织的危机应对能力，进而减少类似错误的发生。

2. 研究成功案例，获取灵感和启示

研究成功解决危机的案例能够获取灵感和启示。这些案例通常包括组织采取的明智决策、有效沟通和公关策略，以及恢复声誉和信任的措施。

通过分析成功因素、提取行动步骤并将其应用到实践中，领导者可以提高在危机处理中的成功率，并不断学习和改进自身的危机管理能力。

成功案例来自各个领域，包括企业、政府、非营利组织等。可以通过阅读新闻报道、研究文献、参与行业研讨会等途径获取这些案例。确保选择的案例具有代表性和可靠性，能够提供有关成功危机管理的详细信息。深入分析每个成功案例，以了解成功解决危机的决策、沟通、公关策略等关键因素。通过分析成功因素，可以确定在危机处理中具有重要影响力的因素，并理解这些因素是如何成功地帮助组织渡过难关的。在此基础上，可以提取出成功解决危机的行动步骤和策略，包括快速反应和决策、积极沟通和公关、建立信任和合作关系、采取创新措施等。最重要的是，要将从成功案例中获得的灵感和启示应用到自身的领导实践中，包括对组织的决策过程和沟通机制进行改进，加强危机管理团队的培训和准备，建立更紧密的合作关系等，从而提高在危机处理中的成功率，并更好地应对未来的挑战。另外，研究成功案例是一个持续学习和改进的过程。领导者应该保持对危机管理领域的关注，寻找新的成功案例，并与其他领导者和专家进行交流和分享。通过不断学习和改进，领导者可以不断提升自身的危机管理能力，并在面对新的挑战时更加从容和有信心。

3. 参考专业机构、学术研究和专家观点

参考专业机构、学术研究和专家观点，可以获取更系统和更全面的危机管理知识。这些资源通常可以提供有关危机预防、危机应对和危机恢复的最佳实践和指导原则。领导者可以从中了解到危机管理的理论框架、策略和技巧，并将其与实际案例相结合，形成更具实践意义的危机意识。

许多行业都有专门的危机管理机构和组织，它们致力于研究和推广危

机管理的最佳实践。这些机构通常提供有关危机管理的指南、培训课程和工具包，帮助组织建立有效的危机管理体系。领导者可以查阅这些机构的网站、参加研讨会和会议，获取最新的危机管理信息和资源。学术界也会对危机管理领域进行广泛的研究和探讨，许多重要的学术期刊和出版物都发表了相关的研究成果。领导者可以阅读相关的学术论文、研究报告和专著，了解危机管理的理论模型、案例分析和实证研究。这些学术资源提供了深入的理论观点和实践洞察，有助于领导者在危机管理中做出明智的决策和行动。除了学习专业机构的经验和学术研究的成果，参考专家和咨询公司的意见也大有裨益，因为他们拥有丰富的实践经验和专业知识，其观点和建议可以帮助领导者更好地理解危机管理的挑战和机遇，并提供实用的指导原则和策略。领导者可以向专家咨询，邀请他们提供针对组织特定情况的定制化建议和解决方案。

在模拟与演练中亲历和应对危机情景

G市第四人民医院自2022年6月开始实施"医疗质量与安全推进季"的情景模拟演练活动，聘请了兄弟医院的专家来进行多场业务、理论讲座和培训，并对全院医务人员进行了相关考核。2023年3月，为了集中检验连续几个月来医疗质量与安全推进的成果，该医院成功举办了一次情景模拟演练比赛，展示了医务人员在接受兄弟医院托管后综合素质的提高。此次情景模拟演练比赛由医院的外科、急诊科、儿科等6个科室参与，模拟案例都是根据日常遇到的病例和医患问题自主编排的。演练结束后，来自兄弟医院和 G 市卫生局的专家和领导对演练进行了点评和指导，在场的医务人员纷纷表示受益匪浅，并表示将在实际情况中不断改进和提升。医院院长表示，这样的情景演练不仅进一步强化了每位医务人员的系统理论知识和实际操作能力，也为给病人提供更专业、更精准的医疗服务打下了基础。

在模拟与演练中亲历和应对危机情景，是培养危机意识的一个非常有效的方法。G 市第四人民医院通过情景模拟演练活动，为医务人员提供了一个实践和学习的平台。这种活动不仅帮助医务人员在模拟的危机情景中锻炼了应急响应和决策能力，还提高了他们的系统理论知识和实际操作能力。医院主动举办这样的演练比赛，不仅能够集中检验医院医疗质量与安全推进的成效，也为医务人员提供了互相学习和交流的机会。通过专家和领导的点评与指导，医务人员能够获得宝贵的反馈，以进一步改进和提升自己的危机管理能力。这种实践和培训活动对于提升医院整体医疗服务水平和病人满意度具有积极的影响。

在模拟和演练中亲历和应对危机情景是一种实践性的培训方法，这可以提供团队合作的机会、学习和反思的平台，以及建立自信心的机会。通过这样的培训，领导者能够更好地理解和应对将要面临的危机，提高自己的应变能力和决策水平。以下是几个切实可行的培训方法。

1. 设计逼真的模拟场景

通过设定复杂的情景、模拟真实的危机事件、引入时间压力和资源限制等方式创建具有挑战性和真实感的模拟危机场景，是培养危机意识的一个重要方法。

模拟场景应该涵盖多个因素和变量，使领导者在处理危机时可以面临复杂的决策和不同的情况。可以考虑模拟多方利益相关者的参与，不同部门或团队之间的协作和冲突，以及各种不确定性因素的存在。这样的情景设定可以让领导者在应对危机时充分考虑各种因素，并做出正确的决策。

为了增加模拟场景的真实感，可以参考真实发生的危机事件，并将其转化为模拟场景。可选择与组织相关的危机事件，或者参考行业内的案例。这样的模拟场景可以让领导者更好地理解和应对类似的危机，以及了解相关的挑战和难点。

在模拟场景中可以设置时间紧迫的情况，让领导者可以在有限的时间内做出决策和采取行动。可模拟真实危机中的时间压力，培养领导者在紧急情况下冷静和果断处理问题的能力。此外，引入资源限制也是一个重要的因素，让领导者能在有限的资源下做出有效的决策和管理。

模拟场景应该覆盖各种类型的危机，包括自然灾害、人为事故、金融危机等。这有助于领导者在应对不同类型的危机时培养灵活和多样的应变能力。通过接触不同类型的模拟危机，领导者可以学习和练习应对各种情况下的危机管理技巧。

模拟场景应该具有动态性，在演练过程中实时调整情景和挑战，如引入未知的变量、突发事件或者模拟中的意外情况等，以逼近真实危机的动态性。这样的实时调整和挑战可以让领导者在变化和不确定性中保持灵活性和应变能力。

2. 角色扮演和团队合作

角色扮演和团队合作是在模拟和演练中培养领导者危机意识的重要方式之一。通过角色扮演和团队合作，领导者可以在模拟和演练中与其他团队成员密切合作，共同解决危机情景中的问题。这种实践性的训练有助于培养领导者在团队合作和协作方面的能力，并使他们更加熟悉在危机情景下与各方利益相关者进行有效沟通和协调的方式。

模拟危机场景时可以安排领导者扮演不同的角色，例如危机管理团队的成员或领导者的角色。通过扮演不同角色，领导者可以从多个视角来思考和解决问题，了解各个角色在危机管理中的职责和挑战。同时，领导者与其他团队成员进行紧密的协作和合作，如一起制定解决方案、讨论执行策略、分配任务和资源等，以应对模拟危机。这种团队协作和合作的过程能够培养领导者在危机情景下与团队成员有效沟通、协调合作的能力。

危机管理往往涉及与各方利益相关者的沟通和协调。模拟和演练中应引入模拟的利益相关者角色，包括内部团队成员、上级领导、合作伙伴、媒体代表等，让领导者学习如何与不同的利益相关者进行沟通和协调。通过模拟利益相关者的沟通和协调，可以提高领导者在危机情景中的沟通技巧和交际能力。

模拟和演练中的团队成员可能会有不同的意见和观点，这是一个宝贵的机会，可以让领导者学习如何促进决策共识并处理团队内的分歧。通过有效的沟通、倾听和协商，可以培养领导者在团队中引导和协调决策的能力。

4. 制订危机管理计划

制订危机管理计划是在模拟和演练中培养危机意识的关键步骤，可以帮助领导者在模拟和演练中思考与规划在真实危机中的行动方案。这样的计划可以培养领导者的系统思维和策略能力，并为他们提供一个框架来应对和管理危机情景中的挑战。在危机管理计划的制订过程中，应与团队成员共享和讨论，以确保在实际危机处理过程中能够取得共识和进行协作。

危机管理计划包括危机预警机制、应急响应流程、资源调配和沟通策略等。危机预警机制包括确定潜在的风险和威胁，并制定监测和识别早期警报的方法。机制制定者需要思考并确定哪些指标、数据或事件可能表明危机会出现，以便及早采取行动。应急响应流程包括指定责任人、建立通信渠道、明确决策流程和行动步骤等。机制制定者需要思考并确定在危机情景下如何快速做出决策、调动资源和执行行动计划。资源的调配和利用包括人力资源、物资、技术支持等方面的资源。需要思考并确定如何在危机情景中合理分配和利用有限的资源，以最大限度地减少危机的影响和损失。有效的沟通策略包括与内部团队成员、利益相关者、媒体和公众等各方进行沟通和信息共享。需要思考并确定如何及时、准确地传达信息，维护透明度和信任，并回应相关方的关切和问题。

另外，危机管理计划应该是一个持续改进的过程，企业应定期审查和评估计划的有效性，并根据模拟和演练的结果进行调整和改进。通过不断的演练和反思，可以提高危机管理计划的实际可行性和适应性。

3. 实施实时评估和反馈

在模拟和演练过程中进行实时评估和反馈是非常重要的，可以帮助团队成员和领导者了解自己的表现、发现改进的机会，并制订相应的行动计划。持续的反馈和改进过程有助于组织在真实危机中更加敏锐和有效地应对挑战。

在模拟危机中，指导者或专家要观察和评估团队成员及领导者的表现，包括团队的协作、决策过程、沟通效果、应对能力等，并提供有针对性的反馈和评价。这种观察和评估可以帮助领导者了解自己的优势和需要改进之处。而模拟危机中的每个成员都可以分享自己的观察和感受，提供对团队和领导者的评价和建议。这种开放的反馈机制可以促进团队成员学习和成长，从而让领导者获得多样化的视角和意见。

在模拟和演练结束后，团队成员应一起回顾和分析模拟危机的过程和结果，并提出改进的建议和行动计划。领导者可以引导这个过程，收集各方的意见和建议，以便更好地改进自己的危机管理能力。实时评估和反馈只是一个起点，领导者应该持续关注和接受反馈，包括定期与团队成员和指导者进行反馈交流，了解自己的进步和需要改进之处等。通过持续的反馈和改进，领导者可以不断提高危机管理能力，并在真实危机中更加从容和有效地应对挑战。

第三章
危机管理与决策能力

　　特殊时期更能彰显领导者的危机管理与决策能力：是否能够在危机时刻做出快速反应和决策，是否能够在危机时刻做好风险评估和权衡，是否能够在危机时刻具有韧性和适应能力；如何在危机时刻做好情绪管理与决策，如何在危急时刻制定清晰的危机管理策略，如何在危机中实现资源调配与协同合作，等等，这些都直接关乎团队和员工对领导者的信任。

危机时刻的快速反应和决策

2012 年央视"3·15"晚会曝光了麦当劳北京三里屯店存在过期食品翻新再售和将掉落在地上的生牛肉饼直接放入袋子备用的问题。面对央视的曝光，麦当劳通过新浪官方微博发布博文做出回应，称表示会立即进行整改，并采取严肃处理措施，以实际行动向消费者表示歉意。麦当劳官方微博的回应在短短一小时内引发了约 2 万人参与讨论，而在 4 小时内评论数量更是达到了 13 万条。令人感到意外的是，麦当劳的不良行为被曝光后，并未引起舆论的强烈反应，反而出现了一些支持麦当劳的声音，甚至有网友发帖呼吁大家一起去吃麦当劳。

事实上，在当时曝光的多家企业中，麦当劳是第一家做出回应的企业，这显示了麦当劳在危机公关方面的快速反应能力。而其他企业大多采取了寻求关系和拖延时间的方式来处理危机，麦当劳的应对速度显得尤为突出。通过及时的传播和快速的回应，麦当劳有效地表达了对事件的重视和承担责任的态度，这比仅仅寻求关系和拖延时间的危机公关方式更加有效。麦当劳不仅反应迅速，而且充分利用了微博快速传播的优势，使得道歉信息能够更快地传播，并覆盖更广泛的受众群体。此外，麦当劳发布的博文表达了真诚的态度，使用了诸如"非常""立即""坚决严肃""以实际行动表示歉意"等程度副词，展示了他们对问题的高度重视和承担责任的态度。这让更多的粉丝和受众看到了麦当劳真诚的一面，从而获得了更多的理解和谅解。

在新媒体时代，危机信息一经发布，便能迅速蔓延开来。企业可能会突然遭遇危机，如果不能及时处理，危机信息在经过网络接力传播后将会形成爆炸性的影响。因此，在互联网传播环境下，企业必须迅速而果断地应对危机事件，以免受到更大的损害。而在危机时刻能否快速做出反应和决策也正是危机管理与决策能力的重要体现。

1. 危机时刻领导者的快速反应

在企业危机时刻，领导者需要具备迅速做出反应的能力，以有效地应对不断变化的情况。快速反应的关键在于对危机的敏感性和警觉性。作为企业领导者，应该具备敏锐的观察力和洞察力，能够迅速识别和理解危机的本质和严重程度。这需要他们保持高度的警惕，并及时接收和分析关键信息，通过建立有效的信息收集渠道和监测系统，与团队成员、业界专家和利益相关方保持良好的沟通和合作，从而及时了解危机的动态和影响。

快速反应还要求领导者具备果断的决心，即在面对危机时能够迅速做出决策，并采取必要的行动。这需要领导者具备自信和勇气，能够承担风险和责任。

危机时刻的快速反应还需要领导者具备团队合作的能力。应积极与团队成员合作，充分利用团队的专业知识和资源。可以鼓励团队成员提供意见和建议，促进信息共享和集体智慧的发挥。通过团队合作，可以更全面地了解情况和问题，获得多样化的解决方案，并提高决策的质量和可行性。团队成员的积极参与也能增强组织的应变能力和危机管理的效果。

2.危机时刻领导者的快速决策

危机时刻的快速决策，需要领导者具备扎实的知识和经验，能够快速收集和分析信息，权衡利弊并评估风险。危机时刻尤其需要领导者保持冷静、果断和灵活，同时与团队成员合作和参与，并根据当前情况、在不确定性和压力下做出决策。

作为领导者，应该在相关领域或行业中具备广泛的知识和经验，能够更好地理解危机的本质和影响。这些知识和经验有利于他们更快速地分析问题、评估选项和预测结果。这是一个非常重要的方面。此外，在危机时刻要迅速收集和整理关键信息，以便全面了解当前形势，包括与内部团队、外部专家和利益相关方的沟通，以获取多方面的观点和建议。通过有效的信息筛选和评估，领导者能够从大量信息中提取出最重要和相关的内容。同时，领导者要具备优先排序和风险评估的能力。在危机时刻，时间是紧迫的资源，因此要迅速确定优先处理的事项，并评估不同选项的风险和潜在影响。领导者还应该注重与团队成员合作，共同讨论和决策，以获得更全面的视角和思路，从而做出正确的决策。

危机时刻的风险评估和权衡

在危机时刻，领导者的危机管理和决策能力显得尤为重要。其中，风险评估和权衡就是关键的一环。二者在决策过程中是相辅相成的。风险评估为权衡提供了必要的信息，权衡则必须要基于风险评估的结果进行。没有全面的风险评估，权衡就无法做到科学和公正；没有理智的权衡，风险评估的结果也无法得到有效的应用。

　　这里举一个简单的例子来理解风险评估和权衡的重要性。假设一家公司面临严重的财务危机，领导者需要决定是进行裁员还是寻求外部投资。在风险评估阶段，领导者需要考虑到裁员可能带来的员工士气下滑、生产力下降等风险，同时，也要考虑寻求外部投资可能导致的股权稀释、管理权丧失等风险。在权衡阶段，领导者需要比较这两个方案的优劣，从而做出最有利的决定。毫无疑问，领导者在危机时刻的风险评估和权衡能力，直接影响到危机管理的效果。对风险的全面理解和对解决方案的明智选择，是领导者在危机管理中的重要任务。

1. 危机时刻领导者的风险评估

　　危机时刻的风险评估是一项重要的管理工具，它可以帮助领导者全面了解可能的风险和影响，制定相应的风险管理策略，并在危机发生时做出及时有效的应对。通过系统的风险评估，组织可以更好地应对危机，降低损失，并保护组织的利益和声誉。

　　风险评估是在决策过程中对可能出现的风险进行识别、分析和评估的过程。在危机管理中，领导者需要以实事求是的态度，全面了解可能的风险和影响。首先，需要对可能出现的风险和危机进行全面地识别。这可以通过收集信息、参考历史数据和经验教训，以及与相关领域的专家和利益相关者进行讨论来完成。关键是确保识别到所有可能的风险，包括内部和外部的、已预见和未预见的。

　　风险一旦被识别出来，就需要对其进行分析，以评估其可能性和影响程度。可能性是指风险事件发生的概率，而影响程度涉及风险事件对组织、人员、财产和声誉等方面的实际影响。通过定量和定性的方法来进行评估，包括统计数据分析、专家判断、模型建立等。

在评估风险的可能性和影响程度之后，需要对风险进行排序和优先级设定。一般应基于不同风险的严重性、紧迫性、可控性和可预测性等因素来进行决策。重点关注那些可能性高、影响程度大且难以控制或预测的风险。

评估完风险并确定优先级后，需要制定相应的风险应对策略。这包括采取预防措施来降低风险的可能性，制订应急计划来应对风险事件发生时的紧急情况，以及建立恢复和复原策略来应对风险事件造成的影响。

风险评估是一个动态的过程，需要不断监测和更新。在危机时刻，情况可能迅速发生变化，新的风险可能出现，而旧有的风险可能发展演变。因此，领导者需要建立有效的监测机制，及时获取新的信息，对风险评估结果进行修订和更新。

2. 领导者对危机解决方案的权衡

权衡是指在面对多种选择时，对各个选择可能造成的结果的优劣进行比较，从而做出最优决策。在危机时刻，权衡危机解决方案是一个复杂的决策过程，通过对不同的解决方案进行权衡，选择最有可能带来最大利益的方案。为此，需要收集信息、分析优缺点、考虑目标和价值观、管理风险、评估可行性和资源需求，并与利益相关者进行沟通。

在权衡不同的解决方案之前，领导者需要收集相关的信息，并对其进行分析，包括危机的本质、原因和影响，以及评估每个解决方案可能的效果和风险等。信息的准确性和全面性对于权衡的准确性至关重要。

权衡解决方案时，需要明确危机解决的目标和组织的价值观，诸如保护人员安全、维护声誉、保护财产或最大化利益等。解决方案应与这些目标和价值观相一致，以确保最终决策的合理性和道德性。同时，对于每个解决方案要评估其优点和缺点，包括快速性、有效性、成本效益、可行性和可持续性等优点，以及风险、不确定性、资源需求和可能的负面影响等缺点。权衡时，需要对这些因素进行全面的分析，并确定其对组织和利益相关者的重要性和影响程度。

在权衡解决方案时，风险管理是一个重要的考虑因素。领导者需要评估每个解决方案可能带来的风险，并确定相应的风险管理策略，包括风险的减轻、转移、接受或避免等。选择解决方案时，应考虑其对风险的影响，并确保所选择的方案具备适当的风险控制措施。

权衡解决方案也需要考虑其可行性和资源需求。解决方案应具备可行性，并且需要评估方案所需的人力、物力、财力和时间等资源。领导者需要考虑组织的能力和资源限制，并选择能够最大限度地利用现有资源的解决方案。

权衡解决方案过程中，与利益相关者沟通是至关重要的。领导者应与关键利益相关者进行沟通，了解他们的观点和需求，并将其纳入权衡过程。这有助于增加决策的透明度和合法性，并获得更广泛的支持和合作。

危机时刻的韧性和适应能力

危机时刻的韧性和适应能力是领导者在面对挑战和不确定性时的关键特质，可以体现出领导者在危机环境中的反应和应对方式，以及在逆境中的弹性和能力。这些关键特质使领导者能够在压力下保持冷静和积极思维，做出明智的决策，并能够适应快速变化的环境，因而有助于领导者有效地管理危机，保护组织和利益相关者的利益，并为组织的未来发展奠定坚实的基础。

1. 危机时刻的韧性

欧内斯特·沙克尔顿是 20 世纪初英国的南极探险家，他以坚韧不拔的韧性而成为人类历史上伟大的探险家。他的探险船被命名为"坚韧号"，源自他的坚韧和不屈不挠的精神。在沙克尔顿带领 5 名船员前往南乔治亚岛的捕鲸站寻求救援的过程中，他们的救生艇无法直接到达目的地，而是停靠在距离捕鲸站 47 千米的地方，中间隔着多座高达 3000 米高的山峰和冰川。沙克尔顿带着两名身体状况较好的队员踏上了前往捕鲸站的旅程。他们面对着排列成一排的 5 座山峰，这些山峰之间有一些狭窄的通道，似乎能够通向山脉的另一侧。他们选择了最近的通道，爬上去后发现无法继续前行，只能返回并尝试第二个通道。直到他们到达最后一个通道时，才找到下山的道路。这只是沙克尔顿南极探险过程中的一个小小的故事。正是沙克尔顿的坚持不懈使他们能够克服常人难以想象的困难。事实上，在 20 世纪 80 年代，有人试图重复沙克尔顿穿越南乔治亚岛的路线，但即使使用现代化设备也很难完成这一挑战。

从这个案例来看，沙克尔顿展示了他在极端环境下的非凡韧性和坚持不懈的精神。这种危机时刻的韧性在组织和领导层面上非常重要。无论是领导者还是组织成员，都需要培养和发展韧性，以应对困难和挑战。只有坚持不懈、寻找解决方案并适应变化的人和组织，才能在危机中脱颖而出，并取得长期的成功。

韧性是指个人或组织在面对压力、挫折和逆境时能够适应、恢复和成长的能力。对于领导者而言，危机时刻的韧性体现在心理韧性、决断力、弹性适应以及团队建设等几个方面。

心理韧性，是指领导者在面对压力和挑战时的心理弹性和应对能力。他们能够保持积极的心态，保持自信和乐观，并能够有效地管理和应对压力、焦虑和困难情绪。他们具备适应性思维，能够看到危机中的机会并从中得到学习和成长。

在危机时刻，领导者需要做出迅速而明智的决策。韧性领导者拥有较强的决断力，能够在面临不确定性和复杂的情况下，准确地分析问题，权衡利弊，并做出决策。他们能够承担决策的责任并接受不确定性，同时灵活调整决策以适应快速变化的环境。

韧性领导者具备适应能力，能够灵活调整策略和做出行动，以应对危机中的变化和不确定性。他们能够快速适应新的情况和要求，并灵活地转变方向。他们能够调整组织资源和人员配置，以应对危机带来的挑战，并保持组织的稳定和运转。

韧性领导者懂得团队的重要性，并能够有效地激励和支持团队成员。他们能够与团队保持良好的沟通和合作，建立信任和共享责任的氛围。在危机时刻，他们能够带领团队共同应对挑战，相互支持和协作，共同寻找解决方案。

2. 危机时刻的适应能力

某医疗保健机构的 CEO（首席执行官）为了帮助组织在后疫情时代适应行业的不断变化，迫使员工面对维持现状可能带来的灾难性后果，包括过高的目标、持续的低收入和大规模裁员，并表示这是拯救机构的最后机会。这位 CEO 首先公开发布了关于该机构错误的季度报告，并设定了两年内消除这些错误的目标。对于医疗保健机构来说，这几乎是一种前所未有的举措。尽管这些披露引起了令人尴尬的公众关注，但他认为，承认严重错误的存在并从中吸取教训将改善对患者的关怀、增强人们对医疗保健机构的信任，以及提升机构的长期生存能力。其次，他提出了节省成本的建议：降低高薪员工的薪水和福利，以保护一些低薪工作和减少裁员数量。通过这些努力，最终使该机构计划裁员的数量减少了 75%。

这个案例展示了在危机时刻适应能力的重要性。该医疗保健机构的 CEO 在面对行业变化和困境时，采取了一系列的措施来适应新的环境以确保组织的长期生存。首先，CEO 通过公开披露机构错误的季度报告，展示了对问题的坦诚。这种勇于面对错误并吸取教训的态度对于组织的改善至关重要。诚实和透明可以增强患者对医疗保健机构的信任，并为改进和发展提供了基础。其次，CEO 设定了一个具体的目标，并要求组织在两年内消除错误。这种明确的目标可以激励员工努力工作，并推动组织朝着正确的方向前进。在面对危机时，设定明确的目标可以帮助组织保持聚焦，并找到解决问题的有效途径。此外，CEO 提出了节省成本的建议，包括降低高薪员工的薪水和福利，以保护低薪工作和减少裁员。这种灵活性和权衡的策略在危机时刻非常重要。通过重新分配资源和降低成本，组织可以更好地应对困难，并减少对员工的不利影响。

适应能力，是指领导者在不断变化的环境中能够灵活调整和适应的能力，是保持组织长期生存和成功的关键要素。通过展现适应能力，组织可以在危机中脱颖而出，并为未来的挑战做好准备。在危机时刻，领导者的适应能力应该体现在灵活性、学习能力、创新思维和跨界合作等几个方面。

适应性领导者能够灵活地调整策略、计划和目标，以适应快速变化的环境。他们能够接受新的信息和反馈，并根据情况做出相应的调整。他们能够迅速适应新的工作方式和技术，以应对危机带来的变革。

适应性领导者具备持续学习和成长的心态。他们能够不断反思和总结经验教训，并将其应用于未来的决策和行动中。他们鼓励组织中的文化学习，并支持团队成员的个人发展和学习。

有适应能力的领导者具备创新思维，能够寻找新的解决方案和机会。他们能够思考非传统的方法和途径，并勇于尝试新的想法和方法。在危机时刻，他们能够推动组织进行创新和变革，以适应新的市场需求和环境要求。

适应性领导者能够与不同部门、团队和利益相关者进行合作和协调。他们能够建立跨界的合作关系，促进信息共享和资源整合。在危机时刻，他们能够促进组织内外的合作，形成联合应对危机的力量。

危机时刻的情绪管理策略

著名球星路易斯曾经因为一只苍蝇在赛场上大发脾气。当时，他正在全神贯注地比赛，忽然一只苍蝇在他周围飞来飞去。路易斯挥手赶走苍蝇，可没过几秒，这只苍蝇又飞回来，落在主球上。三番四次下来，路易斯怒火中烧失去冷静，他用球杆向苍蝇打去，结果苍蝇没打着，他却因为碰到主球，违反规则被罚下场。而他的竞争对手约翰·迪瑞则把握住机会，最终逆风翻盘成了此次比赛的冠军。本来胜券在握的路易斯在绝望之下投河自尽，直到第二天早上才被人发现……

仅仅是一只小小的苍蝇，却让路易斯困在坏情绪里不能自拔，以至于情绪失控，最终造成悲剧。一个人常常是被自己的情绪打败的，尤其是在危机时刻。因此，危机时刻的情绪管理策略对于企业领导者来说至关重要。

企业处在危机之中时，领导者必须通过自我反省和自我意识，了解自己的情绪反应，并通过情绪来识别和倾听，关注和支持团队成员的情绪。透明沟通、积极的情绪氛围以及提供支持和资源也是有效的情绪管理策略。此外，保持冷静和理性有助于领导者在危机中做出明智的决策。这些策略的综合应用可以帮助领导者有效管理团队的情绪，保持团队的稳定和凝聚力，并应对挑战和危机。

1. 自我反省和自我意识

自我反省，是指一个人能够对自己的情绪反应进行深入思考和分析，包括对自己的情绪、情绪触发因素和情绪应对方式的了解。领导者的自我反省，是通过回顾过去的情绪反应，了解自己在不同情境下的情绪模式和应对方式等，识别出自己的情绪热点和激发因素。这种反思和洞察力可以帮助领导者更好地认识自己，并为处理未来的情绪困境做好准备。

自我意识，是指一个人对自己情绪对团队的影响有清晰的认识。领导者的情绪状态对团队的工作氛围和成员的情绪有直接影响。如果领导者情绪失控或情绪消极，团队成员可能感到紧张、不安或没有动力。然而，如果领导者能够意识到自己的情绪并加以适当的控制，就可以通过积极的情绪表达和稳定的情绪状态来激励和鼓舞团队成员。

通过自我反省和自我意识，领导者可以更好地管理自己的情绪。为此，可以通过自我观察和情绪日志记录来监测自己的情绪变化。这有助于领导者了解自己的情绪模式和激发因素。一旦意识到自己的情绪出现问题，可以采取适当的调节措施，包括深呼吸、放松技巧、锻炼或与他人交流等。通过这些方法，领导者可以缓解负面情绪，恢复平静和冷静。另外，可以与同事、朋友或心理专业人士交流，分享自己的情绪困扰和挑战，同时寻求建议和支持，从他人的角度获得新的洞察力和解决方案。也可以参加情绪管理培训课程或工作坊，此类培训通常提供情绪识别、情绪调节和冲突管理等技能，帮助领导者提升情绪智力和情绪管理能力。

2. 情绪识别和倾听

情绪识别和倾听是领导者建立良好关系和有效沟通的重要工具。通过准确感知和理解团队成员的情绪状态，并积极倾听和关注他们的情绪，领导者可以更好地理解他们的需求和担忧，并提供相应的支持和帮助。这种情绪智慧和情感关怀有助于增强团队凝聚力，促进团队成员的发展和成功。

情绪识别，是指领导者能够准确感知和理解团队成员的情绪状态。这需要领导者具备情绪智力，即对自己和他人情绪的认知和理解能力。通过观察他人的面部表情、肢体语言和语言表达，领导者可以分辨出团队成员的情绪状态，如喜悦、焦虑、沮丧或紧张。情绪识别使领导者能够更好地了解团队成员的情感状态，进而采取适当的行动。

倾听是指领导者积极关注和理解团队成员的情绪，并给予足够的关注和重视。倾听需要领导者以开放的心态聆听他人的意见、感受和需求，而不是急于表达自己的观点。通过倾听，领导者可以更好地了解团队成员的情绪背后的原因和意义，进而提供情感支持、理解和鼓励，帮助团队成员应对挑战和困难。

情绪识别和倾听使领导者能够更好地理解团队成员的需求和担忧。通过情绪识别和倾听，领导者可以为团队成员提供适当的支持和帮助。比如为他们创造安全的工作环境，帮助团队成员克服情绪困扰，增强工作动力和幸福感等。

3. 透明沟通和信息共享

透明沟通和信息共享对于领导者与团队成员之间的良好关系和高效工作至关重要。透明沟通有助于建立信任，减少焦虑和不确定感，增强团队的凝聚力和信任。通过透明沟通，领导者可以促进创新和问题解决，建立健康的企业文化，为团队的成功和发展创造良好的条件。

透明沟通是建立信任的关键因素之一。当领导者提供准确、及时的信息并解释背景和影响时，团队成员会感到被尊重和包容。透明沟通有助于减少猜测和谣言的传播，创造一个开放的环境，团队成员可以相信领导者的意图和决策。面对变革和危机，团队成员常常感到焦虑和不确定。透明沟通有助于减轻这种焦虑和不确定感。当领导者提供清晰、准确的信息时，团队成员能够更好地理解当前的情况和挑战，更好地适应变化。透明沟通还可以帮助团队成员知道他们在团队中的角色和期望，使他们感到更有安全感。透明沟通还能促进团队的凝聚力和合作精神。这种开放的沟通风格可以促进团队成员之间的合作和共享，增强团队的凝聚力和团队意识。

信息共享是透明沟通的一部分，有助于促进团队成员之间的合作和知识共享。信息共享可以促进跨团队之间的合作。通过向团队成员提供准确的信息，领导者可以帮助不同团队之间建立联系，并促进彼此之间的合作。这种信息共享可以消除信息孤岛，推动全面的组织合作。信息共享有助于团队成员之间的知识交流和学习。当领导者鼓励团队成员共享他们的专业知识、经验和见解时，团队成员可以从彼此的经验中受益，增加团队整体的知识储备。这种知识共享有助于提高团队的绩效和创新能力。信息共享也为团队成员提供了创新和改进的机会。通过共享新的想法、研究成果和市场洞察，团队成员可以激发创新思维和提出改进建议。这种信息共享可以推动团队的创新能力，为组织带来竞争优势。另外，当团队成员感受到他们的贡献和意见被重视和采纳时，他们会更有归属感，并且更有动力为团队的成功做出贡献。可见信息共享可以建立一个开放和包容的团队文化，促进团队成员之间的信任和合作。

4. 建立积极的情绪氛围

建立积极的情绪氛围对于团队的凝聚力和工作效能至关重要。为此，领导者要营造积极的情绪氛围，表达对团队成员的赞赏和认可，提供心理支持和鼓励，帮助他们应对压力和情绪波动。

赞赏和认可是营造积极情绪氛围的重要手段。当团队成员取得成就或表现出色时，领导者应及时给予赞赏和认可，表达对他们的肯定和感谢。这种积极的反馈可以激励团队成员继续努力，增强他们的自信心和工作动力。此外，积极的领导者会传递积极的能量和情绪，鼓励团队成员积极面对挑战和困难。他们会鼓励团队成员相信自己的能力，并提供支持和资源，使他们能够克服困难并取得成功。

除了赞赏、激励，积极情绪氛围的建立也需要领导者的心理支持与鼓励，以及激发团队合作。团队成员可能面临压力、焦虑或情绪波动，领导者可以倾听他们的需求和困扰，并提供理解和支持的空间。领导者还可以鼓励团队成员寻求适当的资源和帮助，以应对压力和情绪挑战。鼓励团队成员互相支持、合作和分享资源，可以增强他们的归属感和团队意识。为此可以设立团队目标和奖励机制，激励团队成员共同努力，共同取得成就。这些方式都有助于积极的情绪氛围的营造。

制定清晰的危机管理策略

2022 年前后，网红脱毛仪品牌 Ulike 因广告语引发舆论不满，甚至被市场监督管理局罚款 30 万元。从危机管理策略的角度来看，在广告发布之前，品牌 Ulike 应该对广告内容进行全面的风险评估和预测，应该认识到广告语可能引起公众的争议和质疑，并提前采取措施避免潜在的危机。同时，一旦出现危机，公司应该迅速做出反应，并采取透明的沟通措施，包括及时发表公开声明，解释公司的立场和行动，并向公众提供准确、明确的信息。透明度和积极的沟通可以帮助公司赢得公众的理解和信任。此外，该公司应该对危机管理策略和决策进行评估，找出不足之处，并采取措施加以改进，以避免类似问题的再次发生。

事实说明，制定清晰的危机管理策略对于一个公司应对潜在危机是至关重要的。通过制定清晰的危机管理策略——包括危机识别和评估、制订应急计划、沟通和信息共享、灵活应变以及团队合作与领导等，不仅帮助领导者在危机中发挥有效的作用，也将有助于降低危机的风险和影响，并帮助组织更好地应对挑战和变化。

1. 危机识别和评估

危机识别和评估是危机管理过程中至关重要的一环。通过识别和评估，可以更好地应对潜在的危机，并采取及时有效的措施来减少风险和负面影响。这需要领导者具备敏锐的观察力、分析能力和决策能力，以及对组织和环境的深入了解。

领导者应具备敏锐的洞察力，能够识别潜在的危机因素和风险，包括对内外部环境的观察和分析，以发现可能导致危机的迹象和警示信号等。领导者应关注各种可能的风险，如自然灾害、技术故障、供应链中断、金融风险、安全漏洞等，并及时采取预防措施。领导者还应评估危机可能对组织、利益相关者和社会产生的潜在影响，需要考虑到不同利益相关者的需求和关切点，并制订相应的沟通和应对计划，以最大限度减少危机对各方的负面影响。一旦潜在危机被识别，就需要评估危机的严重性，包括危机可能造成的影响范围、程度和持续时间。领导者应考虑人员安全、财务损失、声誉风险以及组织的长期可持续性等方面的因素。通过准确评估危机的严重性，领导者可以有针对性地制定应对策略和措施。

2. 制订危机应急计划

危机识别和评估的目的是帮助领导者及早发现危机，并采取适当的行动来应对。一旦危机严重性和潜在影响被评估出来，领导者应立即行动，制订应急计划并启动相应的应对措施。

制订应急计划是为了在危机发生时能够快速、有序地应对。它提供了一个框架和指导，以确保团队在压力下能够做出正确的决策和行动。领导者的角色是确保应急计划的制订和实施，并负责协调和指导团队在危机中的行动。

在制订应急计划时，首先要明确目标和优先事项，包括确定危机应对的关键目标，例如保护人员安全、减少财务损失、维护声誉等。目标应具体、可衡量、与危机的性质相符，以便为行动提供明确的方向。此外，应急计划应包含清晰的行动步骤，指导团队在危机发生时采取何种措施。这些步骤应尽可能具体，确保每个团队成员都了解自己在危机中的角色和责任。行动步骤可以涵盖不同方面，如人员安全、资源调配、沟通、协调与合作等。同时要评估和确定在应急计划中所需的资源，包括人员、物资、技术和财务等。这包括确定资源的可用性、优先级和分配方式。领导者应确保资源的合理分配，以支持应急计划的执行，并满足危机应对的需求。

制订应急计划应该是一个团队合作的过程。领导者应与团队成员共同制订计划，倾听他们的建议和意见，并确保每个人都对计划有清晰的理解和接受度。团队成员应了解自己的角色和责任，并在危机发生时紧密合作，以有效地执行应急计划。

3. 灵活应变危机

灵活应变是危机管理中不可或缺的能力。在危机中，情况可能迅速变化，领导者需要能够快速做出决策并对决策做出相应的调整。通过快速分析、权衡利弊、保持冷静和理性，领导者需在压力下做出明智的决策。同时，他们应灵活地调整资源分配、重新评估目标和策略，以适应变化的情况。

首先，领导者要在有限的时间内收集和整理信息，从中识别关键问题和挑战，并制定应对措施。快速分析能力帮助领导者理解危机的本质和紧急性，以便做出明智的决策。在危机中，领导者经常面临各种选择和权衡，因此要能够全面评估不同行动的利弊，并做出最有利于危机应对的决策，包括权衡短期和长期影响、风险和回报、成本和效益等因素。要综合各种因素，做出全面而合理的决策。

其次，在危机中，情况可能迅速变化，原先的资源分配和目标设定可能需要调整。领导者需要灵活地重新评估资源的分配情况，根据当前需求和优先事项进行调整。同时，领导者还应随时回顾和重新评估目标和策略，以确保它们与变化的情况相适应。并应与团队成员、利益相关者和其他相关方保持密切联系，及时共享变化和调整的信息，这将有助于确保所有相关方都了解当前情况，以适应和响应变化。

危机中的资源调配与协同合作

在危机管理中，资源调配和协同合作是领导者展现卓越能力的重要方面。通过有效的资源调配和协同合作，可以最大限度利用有限资源，提高和保障危机应对的能力和效果。这需要领导者具备良好的协调能力和灵活性，能够促进团队成员之间的协作，以应对危机挑战。

1. 危机中的资源调配

危机发生时，企业需要根据实际情况及时调配资源，包括人力资源、财务资源、物力资源、技术资源等。只有合理安排资源，才能确保资源的最大化利用，支持企业渡过危机。在危机中，领导者不仅需要评估危机的性质和需求，明确所需资源的类型和数量，更重要的是根据优先级和紧急性，将资源分配给最需要的地方，以最大限度支持危机管理和应对工作。

通常的资源调配思路在危机时可能不再适用。比如在灾难发生时，领导者采用左右逢源的做法，会错过解决危机的最好时机。在危机时刻，资源可能是有限的，领导者需要灵活地调整资源的分配和优先级。应根据不断变化的情况和需求，重新评估资源的分配方式，并根据优先级确定资源的使用顺序，包括对资源的重新分配、重新安排工作任务、调整工作流程等。通过灵活的资源调配，可以更好地满足危机应对的需求，并确保资源得到最佳利用。

除了合理调配企业内部的人力、物力、财力及技术等资源进行自救之外，危机时刻也要善于利用外部的资源。对于中小企业来说，能够获得的外部资源就是来自政府的帮助，如减免租金、工资补贴、社保公积金、税收补贴、银行贷款、培训补贴、用工政策等。因此，非常时期要特别关注政府的政策和动向，财政、货币、人力资源社会保障方面政府都会出台一系列扶持政策。

2. 危机中的协同合作

协同合作是危机管理中至关重要的因素，它涉及多个部门或团队。通过协同合作，不同部门或团队可以共同解决问题、优化资源利用、提高工作效率，并实现更好的危机应对。领导者在这个过程中扮演着重要的角色，如建立有效的沟通渠道以促进信息流通、协同行动和资源协调等，以带领团队应对危机挑战。

建立有效的沟通渠道是领导者在危机管理中必不可少的举措，如定期召开会议、建立沟通平台、使用适当的沟通工具等，以确保各个部门或团队之间及时传递信息、共享情报和协调行动。有效的沟通渠道有助于减少信息滞后和误解，提高团队成员之间的理解和配合度。事实上，危机中信息的及时传递至关重要。领导者应确保信息流通畅，要向团队成员提供准确的危机信息、目标和指示，以及及时了解团队成员的进展和需求。通过共享关键信息，团队成员可以更好地了解整个危机的背景和状态，从而更好地协调行动。

除了内部协同合作，也应与外部其他组织建立联盟和合作伙伴关系，共同面对危机。在外部协同合作的过程中，联盟之间需要明确共同的目标，并制定协同的策略来实现这些目标。比如，共同研究和开发新产品、服务或解决方案，加快创新过程，以减轻每个企业单独承担风险的压力；联合进行营销和推广活动，共同扩大市场份额和提高品牌知名度，以减少营销成本，并获得更广泛的受众。合作过程中也要根据各自的优势和专长来分工合作，通过合理分配资源和任务，实现协同效应，提高工作效率，同时确保各方的职责和期望清晰明确。

第四章
危机领导力的培训与发展

　　危机领导力的培训与发展是一个涵盖培训设计与实施、危机管理知识与技能、沟通与协调能力、案例学习、领导力发展计划与跟踪评估、基于反馈的学习与成长等多个关键议题的综合主题。这些关键议题旨在帮助领导者在面对危机时获得必要的能力、知识和策略，以有效管理危机并持续提升领导力水平。

危机领导力培训的设计与实施

华为以其出色的新员工培训而闻名，但很少有人了解华为在干部培养方面的努力和经验。在干部选拔方面，华为曾经走过一些弯路。最初，华为只使用了简单的四个标准进行干部选拔，但后来发现，这四个标准无法有效地评估和提升干部的能力。为了解决这个问题，华为寻求了咨询公司的帮助，共同构建了一套领导力模型，该模型基于对华为数十位成功高级领导的访谈，最终形成了所谓的"干部九条"。随后，华为的干部九条逐渐演变为"干部四力"，即决断力、理解力、执行力和人际连接力。不同层级的干部需要具备不同的能力，例如高层干部需要具备优秀的决断力，中层干部需要具备优秀的理解力，而基层干部则需要具备优秀的执行力，而人际连接力则是每个层级的干部都需要具备的非常重要的能力。

华为在干部培养方面的经验展示了一些与危机领导力培训相关的关键点：一是先见之明。华为创始人任正非是一个危机意识很强的人，在人才培养方面具有前瞻性，意识到干部培养的重要性，并愿意为此投入大量资源。这种先见之明是危机领导力培训中的关键，需要组织领导层认识到危机领导力的重要性，并愿意在培训中投入适当的资源和精力。二是专业支持。华为借助咨询公司的专业力量，构建了领导力模型，以提升干部选拔和培养的效果。在危机领导力培训中，借助专业支持可以帮助组织设计和实施符合实际需求的培训计划，并提供专业的指导和反馈。三是实践导向。华为在干部的领导力提升过程中更注重实践环节，并聚焦于关键岗位和关键能力的培养。危机领导力培训也应该注重实践，通过模拟危机情景、案例研究和实际应用等方式，提供实际操作和应对危机的机会，以加强学员在实践中的能力。四是导师制度。华为通过导师制度推动中高层管理者关注接班人的培养。在危机领导力培训中，建立导师制度可以促进经验传承和学员的个人成长。导师可以为学员提供指导和支持，分享自己的经验和智慧，帮助他们在危机中成长和发展领导力。

华为针对干部培养的经验在于，通过具有先见之明的领导、借助专业支持和建立领导力模型、注重实践导向以及推行导师制度，组织可以培养出具备危机应对能力的优秀干部，并为未来的危机做好充分准备。华为带来的有益启示和借鉴，对于危机领导力培训的设计与实施来说很有启示意义。

危机是组织面临的常态之一，无论是自然灾害、经济衰退、市场变化还是其他形式的危机，都可能对企业产生负面影响。因此，培养和提升危机领导力成为组织应对挑战的迫切需求。危机领导力培训可以帮助领导者和关键人员提升应对危机的能力，更好地管理和应对危机，减少损失，保护组织利益。

1. 危机领导力培训的设计

危机领导力培训的设计应该注重实践、跨部门合作、经验分享和个人发展。通过模拟真实情景、培养跨部门合作能力、促进经验交流和反思，并提供持续学习机制，可以帮助学员培养出危机领导力所需的能力和心智模式。

设计危机领导力培训，首先需要明确危机领导力所需的关键能力和技能，包括决策能力、问题解决能力、沟通能力、团队合作能力、应变能力等。通过对危机领导者的角色和职责进行分析，确定培训的重点和目标。

在明确所需能力的基础上，要进行细致的需求分析，了解目标学员的背景、职责和挑战。这有助于确定培训内容和方法，并确保培训与学员实际需求相匹配。同时，要明确培训的目标和预期结果，包括提高领导者在危机情景下的决策能力、应变能力、沟通能力等。确保目标具体、可衡量、与组织策略一致。

其次，要根据需求分析结果和确定的目标，设计确定培训内容，包括危机管理原则、危机情景分析、决策制定、沟通技巧、团队管理等；也可以包括个人评估、360度反馈、领导力讨论和个人辅导等内容，帮助学员在危机中成长为更强大的领导者。同时，应确保培训内容具有层次性、系统性和实用性。另外，培训内容中应该有案例研究。使用实际案例进行研究和分析，可以帮助学员理解危机领导力的关键要素和实践。案例研究可以涉及真实的危机情景，或者是模拟的情景，以便学员能够运用所学理论和技巧来解决问题。

有了培训内容，还要有培训学习方法，比如交互式学习。交互式的学习方法，如小组讨论、角色扮演、模拟演练等，有助于加强学员的实践能力和团队协作能力。除此之外，还要设计持续学习和反馈机制，因为危机领导力是一个不断演进和学习的过程。培训应该提供学习资源和持续的反馈机制，包括提供学习材料、在线资源、定期跟踪和回顾等，以帮助学员在培训结束后继续学习和发展，确保学员能够持续提升自己的危机领导力。

2.危机领导力培训的实施

在实施培训之前，要确定合适的培训师资，他们应具备丰富的危机领导经验和专业知识。培训师资可以来自内部，也可以是外部的专业培训师或咨询顾问。确保培训师资能够提供高质量的培训和指导。同时，也要为培训准备必要的教材、案例研究、模拟演练材料等资源。确保培训场地和设备的准备，包括投影仪、白板、电脑等，以支持培训的顺利进行。

在组织和实施培训活动的过程中，要确保培训过程中的参与度和互动性，鼓励学员分享经验、提出问题、进行讨论和反思。同时，提供适当的培训支持材料，如手册、工具包和在线资源，以帮助学员巩固所学知识。还可以提供个案辅导和反馈机制，以促进学员的学习和成长。此外，培训计划的成功实施还需要组织的支持。领导层应该积极参与培训，并将培训成果与组织的业务目标相结合，推动所学知识和技能的应用和践行。

在培训结束后，有必要通过学员满意度调查、知识测试、行为观察和绩效评估等方式，进行培训效果的评估。并根据评估结果予以反馈，对培训计划进行改进和调整，以适应不断变化的需求和学员的反馈，并持续提升培训的质量和效果。

通过上述这些步骤的设计与实施，能够帮助组织培养具备有效危机应对能力的领导者，提高组织应对危机的能力和韧性。不过需要注意的是，在整个过程中，要关注培训的实效性和可持续性，确保培训内容与组织的需求相匹配，并提供支持和反馈机制，以帮助学员在实际工作中有效应对危机。

掌握危机管理的知识和技能

某电视台直播节目指出一家连锁超市出售变质肉制食品，导致连锁超市的公司股票价格暴跌。随后，该公司迅速采取了危机应对措施，邀请公众参观店铺，加强监督，改善生产条件，提高产品质量，通过促销等方式吸引客户。最终，食品与药品管理局也确认了这家公司的改进措施，股票价格逐渐恢复。

这个案例展示了这家连锁超市公司在遭遇危机后采取的应急处理措施，并取得了成功的结果。一是迅速采取了行动。面对指控，他们没有拖延或消极应对，而是立即采取了果断行动。这种迅速反应非常重要，因为危机往往需要立即控制，以避免进一步扩大化。二是邀请公众参观店铺。这一举措显示了公司的开放和透明，让公众有机会亲见店铺的情况，从而消除对产品质量的疑虑。这种积极主动的沟通方式有助于恢复公众对该公司的信任。三是加强监督和改善生产条件。通过加强监督，该公司向公众展示了他们对食品安全和产品质量的高度关注。改善生产条件也是一个关键举措，它表明公司正在采取积极措施来解决问题，并确保类似事件不再发生。四是提高产品质量和通过促销吸引客户。通过提高产品质量，他们向公众展示了他们的承诺，并努力恢复消费者的信心。通过促销活动，他们吸引了更多的客户，增加了销售量，从而对业绩恢复起到了积极的作用。五是获得相关机构的认可。这是一个重要的里程碑，因为这种确认证明了该公司所采取的改进措施是有效的，并得到了权威机构的认可。这对于恢复公众对该公司的信任和股票价格的逐渐恢复产生了积极的影响。由此可见，这是一个成功的危机管理案例。

危机管理是指在面临紧急、不可预测和威胁组织生存与发展的情况时，有效地应对和解决危机事件的能力。通过培训掌握危机管理的知识和技能——包括在危机出现前的预测与管理、危机中的应急处理以及危机的善后工作等，是危机领导力培训与发展的重要组成部分。通过这些知识和技能的培训，领导者将能够在危机中保持冷静、做出明智的决策，并有效地与团队和利益相关者进行沟通和协调，以应对和解决危机事件，保护组织的利益和声誉。

1. 危机前的预防与管理

在危机管理中，预防危机是至关重要的。每次危机的发生都有一定的预兆，如果企业管理人员具备敏锐的洞察力，能够根据日常收集到的各种信息预测可能面临的危机，及时进行预警，并采取有效的防范措施，就能够避免危机的发生或减少危机造成的损害和影响。通过树立正确的危机意识，建立危机预警系统，成立危机管理小组并制订危机处理计划，进行模拟训练，并建立持续改进的机制，企业可以有效预防危机的发生，降低危机造成的损失，并保护企业的声誉和利益。

危机前的预防与管理要注重强调树立危机意识。企业领导者需要时刻保持警惕，将危机管理视为长期持续的工作，而非临时性措施或权宜之计。他们应该与公众进行有效沟通，与社会各界保持良好关系，并在企业内部建立畅通的沟通渠道，消除潜在的危机隐患。全体员工都应该具备危机意识，将危机预防作为日常工作的一部分，提高企业抵御危机的能力，有效地防止危机的发生。

危机前的预防与管理要培训如何建立危机预警系统。现代企业是与外界环境密切联系的开放系统，预防危机必须建立高度灵敏准确的危机预警系统，随时收集产品的反馈信息。一旦出现问题，要立即跟踪调查并解决。同时，要及时了解政策信息，研究和调整企业的发展战略和经营方针。此外，还要准确了解企业产品和服务在用户心目中的形象，分析公众对企业的评价，认真研究竞争对手的现状和发展趋势。同时，重视收集和分析企业内部的信息，进行自我诊断和评价，找出薄弱环节，并采取相应措施。

危机前的预防与管理的培训内容还应包括成立危机管理小组，制订危机处理计划。危机管理小组的成立是为了顺利处理危机、协调各方面的关系。小组成员应熟悉企业和行业内外部环境，包括较高职位的公关、生产、人事、销售等部门的管理人员和专业人士。他们应具备创新能力、沟通能力、严谨细致的特质，并能够在混乱中保持冷静，同时具备亲和力等素质，以便全面了解情况并迅速做出决策。危机管理小组应根据危机发生的可能性，制订防范和处理危机的计划。其中包括主导计划和不同管理层次的部门行动计划两部分内容。危机处理计划可以使企业各级管理人员对危机有所了解，一旦发生危机，可以根据计划从容地做出决策和行动，掌握主动，迅速应对危机。

危机管理的模拟训练是危机前预防与管理培训的重要内容。企业应根据危机管理的不同情景，进行危机管理的模拟训练。这种训练可以通过模拟真实的危机情况，让管理人员在模拟环境中面对各种挑战和压力，提高应对危机的能力和反应速度。通过模拟训练，管理人员可以熟悉危机管理的程序，了解各种应对策略的效果，并及时调整和改进。这有助于提高团队的协作能力，增强应对危机的信心，并为真实危机的处理做好准备。

2. 危机中的应急处理

危机事件的处理是一项极具挑战性的任务，因为它们往往时间紧迫、影响范围广泛并且难度较高。因此在处理危机的过程中，首先相关人员必须保持冷静，采取有效的措施来隔离危机，防止事态的进一步扩散，并迅速找出危机发生的原因。其次，要根据危机的特点和发展趋势，选择适当的策略来应对，包括危机的中止、隔离、利用、排除、分担以及避强就弱等策略。

危机中止策略是根据危机发展的趋势，及时中止承担某种危机损失的措施。例如，关闭亏损工厂或部门，停止生产滞销产品。危机隔离策略是在危机发生后，迅速采取措施切断危机与企业其他经营领域的联系，防止危机扩散。危机利用策略是在综合考虑危机的危害程度后，寻找对企业某方面有利的结果。例如，在市场疲软的情况下，企业可以利用危机感发动员工提出合理化建议，进行技术革新，降低生产成本，开发新产品等。危机排除策略是采取措施消除危机，可以通过工程物理法和员工行为法来消除危机。工程物理法是通过投资建设新工厂、购置新设备等物质措施来改变生产经营方向，提高生产效益。员工行为法是通过塑造公司文化、行为规范等来提高员工士气，激发员工的创造性。危机分担策略是将危机的承受主体从企业单一承担转变为多个主体共同承担，可以采取合资经营、合作经营、发行股票等方式来分担企业危机。避强就弱策略是在危机无法根除的情况下，选择对企业损害较小的策略。

除了保持冷静和选择适当的策略来应对外，还要迅速做出反应并启动危机应变计划。在危机发生后，要立即采取果断行动，以最快的速度控制住危机，避免危机损害的进一步扩大。如果反应滞后，危机可能会蔓延和扩大。同时，要及时与利益相关者进行沟通和合作。在危机处理过程中，与员工、客户、供应商、媒体、政府机构等利益相关者进行有效的沟通和合作非常重要。及时提供准确的信息，回应他们的关切，并与他们合作制定解决方案，有助于建立信任和稳定局势。

3. 危机的善后总结

危机管理是企业面临危机时的重要环节，而危机总结则是整个危机管理过程的最后一环，具有重要的价值和意义。通过调查、评价和整改这三个关键步骤，企业能够全面总结危机管理经验，找出问题并提出改进措施。危机总结的结果将为企业提供宝贵的教训和指导，提升危机应对能力，从而更好地应对未来可能出现的危机。因此，企业应高度重视危机总结工作，确保其有效性和可持续性。

调查是对危机总结的第一步，企业应对危机发生的原因和相关预防处理的全部措施进行系统调查。这意味着对危机事件的起因进行深入分析，找出导致危机发生的根本原因。同时，还需要对企业在危机发生前采取的预防措施进行全面审查，以确定其有效性和不足之处。通过调查，企业可以获得对危机管理工作的更深入理解，为后续评价和整改提供基础。

评价是危机总结的核心环节，需要对危机管理工作进行全面的评估，包括对预警系统的组织和工作内容、危机应变计划、危机决策和处理等各个方面的评价。在评价过程中，要详尽地列出危机管理工作中存在的各种问题，不回避困难和挑战。只有全面了解问题的本质和原因，才能找到改进的方向和方法。因此，评价应客观公正，充分倾听各方意见和建议，最终形成真实可行的总结报告。

整改是危机总结的最后一步，也是最为关键的一步。在评价的基础上，企业需要将危机管理中存在的各种问题进行归类，提出相应的整改措施，并责成有关部门逐项落实。整改措施应具体可行，针对性强，能够解决问题和提升危机管理能力。同时，企业还需建立完善的整改跟踪机制，确保整改工作的有效推进和落地。

综上所述，通过培训危机前的预防与管理、危机中的应急处理以及危机的善后总结等方面的知识和技能，可以有效帮助企业预防和应对危机，保护企业利益和声誉，提高其稳定性和可持续发展能力，同时，也为企业总结经验、改进管理提供指导和借鉴。

危机中的沟通与协调能力

B公司是一家以生产技术为主的企业，大部分员工从事生产工作，与管理层的沟通较少。然而，由于沟通不畅导致的问题频发，给企业带来了大量的成本浪费，尤其在当前危机丛生的商业环境下，这是一个亟须解决的问题。

B公司的沟通问题主要表现在以下几个方面：一是信息传递不清晰。由于生产技术类员工与管理层沟通渠道较少，导致信息传递存在滞后、遗漏等问题，造成了执行时的困惑和误解。二是目标理解不一致。管理层对于公司目标的阐述不够明确，员工对于工作的目标理解存在差异，从而影响了工作的顺利进行。三是反馈机制不健全。员工对于问题或难题的反馈渠道有限，管理层未能及时发现和解决问题，导致后续工作中的返工增加。

为了改善沟通，降低成本，B公司需要采取以下措施：一是建立清晰的沟通渠道。设立定期沟通会议、反馈机制等，以确保信息的传递畅通，让生产技术类员工更好地了解管理层的指示和要求。二是清晰明确目标。管理层应该将公司目标明确传达给每个员工，确保大家对于工作目标的理解一致，并提供具体的指导和支持。三是鼓励反馈和建议。建立一个鼓励员工提出问题和建议的文化氛围，在工作中遇到问题时能够及时反馈，以便管理层及时解决并优化流程。四是提供培训和支持。为生产技术类员工提供相关培训，提升他们的沟通和协作能力，使他们能够更好地与管理层进行沟通。

通过这些措施，B公司提高了沟通与协调能力，有效解决了沟通方面存在的问题，降低了沟通成本。这将有助于提升B公司的整体绩效，并增强其应对未来危机的能力。

B公司的案例告诉我们这样一个道理：在危机中，领导者做好沟通的关键是清晰的沟通、明确的目标和良好的反馈机制。如果用一个简单的公式来表述，即沟通＝清晰＋目标＋反馈。遵循这个公式，领导者可以在危机中有效地进行沟通，提高团队的执行效率，降低成本。那接下来，我们就这个公式展开讨论。

1. 清晰：准确和及时地传递信息

"清晰"就是确保信息传递得准确和及时，避免产生误解和困惑。在危机中，清晰的沟通对于组织的成功和应对挑战至关重要。准确和及时地传递信息可以消除误解、提高工作效率，以及增强团队的凝聚力。以下就清晰沟通的准确性和及时性进行讨论。

在危机中，信息的准确性尤为重要。不准确的信息可能导致误解、错误的决策和行动，进而引发更大的问题。因此，领导者在沟通过程中应确保信息的准确性。这可以通过仔细核实信息、依靠可靠的信息来源、与相关团队成员共享和确认信息等方式实现。领导者应该表达清晰、简明扼要的信息，避免使用含糊不清或模棱两可的语言。准确的信息能够帮助员工更好地理解公司的期望和目标，以便他们能够有针对性地采取行动。

在危机中，及时传递信息至关重要。延迟或滞后的信息传递可能导致错失机会、误导行动，并增加危机的风险。领导者应该积极主动地与团队成员进行沟通，并确保信息及时传达。这可以通过定期召开沟通会议、即时消息工具、电子邮件等方式实现。另外，对于重要的信息，领导者应该及时沟通，以便员工能够做出相应的调整和决策。

除了准确性和及时性这两个关键要素，多样化的沟通和双向沟通也是非常重要的。不同的人有不同的沟通偏好和接受方式，比如，有些人更适应面对面的沟通，有些人则更喜欢利用书面形式或电子产品进行沟通。为了确保信息的清晰传达，应了解员工的沟通偏好，并根据需要灵活运用不同的沟通方式，以确保信息能够准确地传达给每个人。清晰的沟通不仅仅是信息的单向传递，还需要建立双向的沟通渠道。领导者应该鼓励员工提出问题、提供反馈和建议，并积极倾听他们的意见。双向沟通可以促进理解、促进合作，帮助解决潜在的问题。领导者还可以通过开放性的讨论、小组会议和一对一交流等方式，主动与员工进行沟通，了解他们的关注点和需求。

总之，在危机中，清晰的沟通是组织成功走出危机的关键要素之一。通过确保信息的准确性和及时性，以及采用多样化的沟通方式和建立双向沟通渠道，领导者可以促进团队协作、减少误解、提高工作效率，并在危机中做出更明智的决策。清晰的沟通有助于建立信任、增强团队凝聚力，为危机管理提供一个坚实的基础。

2. 目标：明确传达公司和工作的目标

"目标"就是明确传达公司目标和工作目标，使员工理解并能够为之努力。在危机中，明确传达公司和工作的目标对于组织的成功和应对挑战至关重要。明确的目标可以帮助员工理解危机的背景和公司的期望，激发员工的动力，并使团队成员在危机中保持一致的方向。以下是对明确传达目标的几个关键要素的讨论：

对于公司目标的传达，领导者应在危机中确保公司目标能够清晰地传达给团队成员，包括明确阐述公司的使命、愿景和价值观，以及在危机中所面临的挑战和要实现的目标。要与团队沟通并解释公司目标的重要性，使员工认识到他们的工作如何与整个组织的目标密切相关，并知道如何为实现公司目标做出贡献。明确的工作目标可以帮助员工明确自己的职责和优先事项，以便他们能够有针对性地开展工作并做出决策。

在危机时刻明确传达公司目标和工作目标的过程中，确保公司目标与工作目标之间的上下一致非常重要。领导者应该通过与团队成员进行讨论、设立目标评估和反馈机制等方式，来确保公司目标与团队成员的工作目标相互衔接，并明确说明如何通过个人工作来实现公司目标。上下一致可以增强团队的协同作用，使每个人的工作都朝着共同的目标努力。同时，为了确保目标的明确传达，目标应该是可衡量和可达到的。明确的度量指标和标准可以帮助员工了解目标的进展和达成情况。并且，目标也应该是可达到的，即员工在给定的条件下能够实现的。领导者应该与团队成员合作设定合理的目标，并提供必要的资源和支持，以帮助他们实现这些目标。此外，为了明确传达公司和工作的目标，领导者应该确保沟通的频率和途径适当。定期的沟通会议、团队讨论和个人反馈都是有效的沟通工具，可以用来明确目标、澄清疑虑和评估进展。通过定期的沟通，领导者可以确保目标的理解一致，并及时调整和提供反馈，以便团队成员能够对目标做出必要的调整和改进。

总之，在危机中，明确传达公司和工作的目标是领导者的重要职责之一。通过确保公司目标与工作目标的一致性、可达成性，以及定期的沟通和反馈机制，领导者可以激发员工的动力，促进团队的协作，并在危机中实现组织的目标。

3. 反馈：建立反馈机制，优化反馈流程

"反馈"就是建立一个良好的反馈机制，鼓励员工提出问题和建议，及时解决问题，并持续优化反馈流程。建立危机反馈机制可以帮助领导者了解团队成员的意见、问题和建议，及时解决问题，并持续优化工作流程。以下就建立反馈机制和优化反馈流程的反馈文化、反馈渠道、有效反馈、倾听和尊重、改进和优化这几个关键要素进行讨论。

反馈文化旨在鼓励开放和积极的反馈，强调领导者应鼓励团队成员提出问题、分享观点和提供建议。建立一种开放的反馈文化可以让员工感到他们的声音被听到，并且他们的反馈对于组织的改进是有价值的。领导者可以通过示范、表扬和奖励积极的反馈行为，来促进团队成员的参与和

贡献。

反馈渠道应该是多样化的。要想确保反馈的全面性和多样性，领导者应该提供多种反馈渠道，包括个人会议、团队讨论、匿名反馈、收集工具、在线调查等多种形式。不同的渠道可以满足员工的不同喜好和舒适度，使他们更愿意分享自己的观点和反馈。

有效反馈指的是及时和有针对性的反馈，也就是说，反馈应该及时，并且具有明确的目的和指向性。领导者应该尽快回应员工的反馈，并提供具体的建议和解决方案。及时反馈可以帮助员工在工作中进行必要的调整和改进，并增强团队的效率和适应能力。

倾听和尊重是领导者在建立反馈机制过程中的一个基本态度。应倾听员工的声音，并尊重他们的观点和感受。员工需要感到反馈被领导者认真对待，而不是被忽视或轻视。领导者应该展示出真诚的兴趣，并采取积极的行动来回应员工的反馈。

持续改进和优化体现了反馈机制的发展过程。领导者应该定期评估反馈机制的有效性，并根据员工的反馈和建议进行调整和优化，包括改进收集反馈的方法、提供更好的反馈回应和解决问题的机制，以及与员工进行反馈结果的分享和讨论等。

总之，通过建立反馈机制并优化反馈流程，领导者可以获得有关团队成员的观点、问题和建议等宝贵信息。这有助于建立良好的沟通氛围，增强团队的协作和创造力，并及时解决工作中的问题。反馈机制也为组织的持续改进和发展提供了重要的基础。

基于案例学习的危机领导力训练

C 公司是一家跨国零售企业，在全球经济衰退的背景下，公司面临销售额下降、市场份额萎缩和运营成本上升等严峻的危机。为了应对这一挑战，C 公司的领导团队决定进行一项名为"项目复兴"的案例学习，以培养危机领导力并重振企业。C 公司的目标是通过分析历史上成功应对危机的企业案例，吸取经验教训，并将其应用于自己的公司中。

C 公司领导团队选择了一家成功应对危机的 G 公司作为案例研究对象。G 公司是一家食品和饮料制造商，曾面临供应链中断、产品质量问题和公众声誉受损的严重危机。然而，G 公司通过果断的领导和明智的决策，成功地走出困境并恢复了业务。在选择 G 公司作为案例研究对象之后，C 公司领导团队对 G 公司的危机管理策略进行了全面深入的分析。他们研究了 G 公司在处理危机中采取的行动、沟通策略、团队合作和反馈机制等方面的实践，包括 G 公司如何处理媒体危机、如何保持透明和诚信、如何与利益相关者进行有效的沟通等。C 公司领导团队从 G 公司的案例中提取出关键的经验教训，着重关注 G 公司在领导力、沟通、协作和战略规划等方面的成功实践，并思考如何将这些经验应用于自己公司的危机应对策略中。

基于 G 公司案例学习的结果，C 公司领导团队制订了一个详细的行动计划来增强公司的危机领导力。这个计划包括改进沟通流程、加强团队协作、建立有效的反馈机制、制定灵活的战略规划和应急预案等；还包括培训和发展计划，以提升团队成员的危机应对能力和领导素质。在实施行动计划的同时，C公司领导团队密切监测和评估其效果。他们设立了关键绩效指标，定期评估团队的进展，并对计划进行必要的调整和优化。同时，他们鼓励员工参与反馈和分享经验，以促进学习和持续改进。

通过案例学习和实践，C公司的领导团队从成功应对危机的企业案例中获取了宝贵的经验教训，并将其应用于自身的情境中。这样的学习过程有助于增强他们的危机领导力、提高决策能力，并促进团队的协作和创新。

从C公司的案例学习和实践来看，基于案例学习的危机领导力训练可以给学习提供者深入了解和应用危机管理原则的机会，并应用于自身的情境中，从而更好地应对未来的危机挑战。在实务中，可采取以下步骤。

1. 选择适当的学习案例

这是通过案例学习来训练危机领导力的第一步。该步骤的几个关键考虑因素是相关性、多样性、成功与失败案例、可获得的信息、增量学习等。综合考虑这些因素，有助于学习者从案例中获得最大的教育资源和培训价值。这样的选择有助于为学习者提供实际的、与其现实情境相关的体验，促进危机领导力的发展。

相关性在选择案例过程中是非常重要的，这意味着案例应该与学习者所处的行业、领域或组织类型相关。相关性可以确保学习者能够更好地理解和应用案例中的危机管理原则，并将其转化为自身实践中的行动。

多样性的案例有助于学习者了解危机领导力在不同背景下的适应性和

可变性。选择不同类型的案例——包括来自不同行业、规模、地理位置和文化背景的公司，可以为学习者提供更广泛的视角和经验。

选择应既包括成功案例又包括失败案例，这对学习者来说是有益的。成功案例可以展示出危机领导力的有效实践和战略，而失败案例可以提供宝贵的教训和反面教材。学习者可以从成功案例中学习最佳实践，并通过失败案例避免犯同样的错误。

要确保选择的案例有足够的信息和资料可供学习者进行深入研究，包括公司的历史资料、危机事件的详细描述、相关员工和领导者的采访或陈述等。信息的可获得性对于案例分析和学习者的深入理解非常关键。

选择的案例还要考虑应是一系列相关案例，而不仅仅是单一的案例。这样做可以让学习者逐渐增加难度和复杂性，从而逐步发展危机领导力。学习者可以通过比较和对比不同案例中的共同点和差异，更全面地理解危机管理的原则和策略。

2.分析案例并提取经验教训

学习者首先要对选定的案例进行深入分析。应研究案例企业面临的危机情景、识别危机的原因和影响，以及企业采取的具体行动和策略，包括领导团队的决策过程、沟通策略、团队合作和应对措施等方面。可将选定的案例与其他相关案例进行比较和对比。要研究其他企业在类似危机情景中的成功或失败的案例，并分析其在危机领导力方面的表现。通过比较不同案例，学习者可以更好地理解危机管理的差异和成功因素。

在充分分析的基础上，要从案例中提取关键的经验教训，并进行深入分析。应思考案例中成功的危机管理实践、领导者的行动和决策、沟通策略的有效性以及团队协作的重要性等。这些经验教训涉及领导力素质、组织文化、沟通技巧、决策制定和执行等方面。

3. 制订行动计划并付诸实施

制订行动计划并付诸实施是将危机领导力学习转化为实际行动的关键步骤。基于案例学习，学习者应制订一个具体的行动计划来培养和提升自身的危机领导力。行动计划应该包括明确的目标和具体的行动步骤。

目标应该是可衡量和可实现的，例如改善沟通能力、增强决策能力、提高团队协作等。确立清晰的目标有助于指导后续制订行动计划的具体步骤。而步骤应该是可操作的、具体的和可衡量的。例如，如果目标是提升沟通技巧，行动步骤可以包括参加相关培训课程、练习演讲技巧、寻求反馈和指导等。学习者应该将这些步骤细化为具体的任务和时间表，以确保计划的可操作性和可实施性。

在实施过程中，要确保实施行动计划所需的资源和支持，包括培训课程、指导和辅导、团队合作机会等。可以主动寻求支持，如与领导、同事或专业组织进行交流，以获取反馈和指导，支持行动计划。

4. 评估反馈机制与学习改进

行动计划实施后要进行持续的评估和反馈，比如，可以通过模拟危机情景、角色扮演或团队讨论等方式来应用所学，并不断调整和优化自己的危机领导力。具体的评估包括定期自我评估、寻求他人的反馈和观察、参与模拟演练或角色扮演等。通过评估和反馈，学习者可以识别自身的进步情况和需要改进的领域，并根据需要进行调整和改进。

危机领导力的训练和发展是一个持续的过程。学习者应该保持学习的态度，并不断寻求学习和成长的机会，如参加专业培训、阅读相关文献、参与行业活动和网络社群等。通过持续学习和改进，可以不断提升自己的危机领导力，并适应不断变化的环境和挑战。

领导力发展计划与跟踪评估

在讨论领导力发展计划和跟踪评估这个议题时，我想到了云涛领导公关团队的情景。云涛是我的朋友，他的目标是提高公关团队的危机应对能力，促进团队合作和决策能力的提升。为此，云涛采取了以下行动：参加危机管理培训课程，组织团队建设活动，提供定期的沟通和反馈机制，鼓励员工参与决策过程。

云涛不仅制订了领导力发展计划，还在实施过程中进行评估和反馈。在评估工具方面，云涛采用了反馈评估工具，邀请团队成员、上级和同事对他的领导能力进行评估。他还使用了自我评估工具，以及定期的一对一会议、团队会议来收集反馈和观察。基于评估结果，云涛收到了360度反馈报告，其中包括了他的领导能力的优点和改进的建议。他与公司聘请的导师合作，制订了个性化的发展计划，并定期跟踪进展。

通过领导力发展计划和跟踪评估，云涛明确了他的目标并制订了具体的行动计划，例如参加培训、组织团队活动等。通过采用评估工具和定期的反馈机制，他能够了解自己的领导能力的现状，并根据评估结果调整自己的发展计划。这个案例中的领导力发展计划和跟踪评估方法帮助云涛不断提升他的危机领导力，有效促进了该公关团队的发展和协作能力。

实践证明，领导力发展计划与跟踪评估是危机领导力培训与发展过程中的重要组成部分。它们可以帮助个人和组织明确目标、制订行动计划，并评估和跟踪领导力发展的进展。下面是关于领导力发展计划与跟踪评估的要点的讨论。

1. 领导力发展计划

领导力发展计划是指为个人制定的有目标、有计划的行动方案，旨在提升他们在危机中的领导能力。该计划通常根据领导者的目标、现状和组织的需求来制订。常见的领导力发展计划的要素包括目标设定、培训和学习机会、指导和辅导、行动计划以及反馈机制。

目标设定要求明确指定领导者希望在危机领导力方面取得的成果和改进点。培训和学习机会强调要提供适当的培训和学习资源，以帮助领导者获得必要的知识和技能。指导和辅导强调要提供个人指导和辅导，帮助领导者发现和克服自身的领导短板。行动计划要求制定明确的行动步骤，以便领导者在实践中应用所学，改进领导能力。反馈机制要求建立有效的反馈机制，让领导者了解他们的进展并进行必要的调整。

2. 计划的跟踪评估

跟踪评估是用于评估领导力发展计划的有效性和领导者在危机中的表现的方法。通过跟踪评估，可以收集数据和信息，以确定领导者的成果和改进的领域。常见的跟踪评估方法有360度反馈、行为观察、绩效评估以及反思和自我评估。

360度反馈，即通过收集来自领导者周围的各个方面（上级、同事、下属）的反馈来评估其领导能力。行为观察，即观察领导者在危机中的实际行为，以评估他们是否应用了所学和改进的领导技能。绩效评估，即评估领导者在危机中的绩效和成果，包括他们在危机处理中的决策能力、团队管理和沟通能力等。反思和自我评估，强调领导者通过反思自己的行动和结果，进行自我评估，并识别出改进的方向。

3. 优势、改进与发展

领导力发展计划与跟踪评估应该注重发现领导者的优势和改进机会。通过识别领导者的优势，可以进一步发展和利用他们在危机领导力方面的优势。同时，也需要识别出领导者的改进机会，提供相应的培训和支持，以促进他们在关键领导力领域的成长。

领导力发展是一个持续的过程，需要不断地评估、调整和发展。领导力发展计划与跟踪评估应该是一个循环过程，通过不断地反思和调整，使领导者能够不断提升自己的危机领导力；定期的跟踪评估可以帮助领导者了解他们的进展，并根据需要进行必要的调整和改进。

总结起来，领导力发展计划与跟踪评估通过制定有目标、有计划的行动方案，通过评估和跟踪领导者的表现，可以帮助领导者在危机中发展和提升自己的领导力。这样的计划和评估过程应该是一个持续的循环，以确保领导者能够不断地适应和成长，以应对不断变化的环境。

基于反馈的持续学习与成长

刘强是某公司市场营销团队的领导，他在危机管理方面面临一些挑战，因为他意识到了自己在危机中的决策能力和沟通可能存在改进的空间。于是，刘强鼓励团队成员提供匿名的反馈，以了解他们对自己在危机管理方面的表现有何看法。团队成员提供的反馈指出，他在某些决策中可能缺乏透明度，并存在一些沟通不畅的情况。刘强意识到他可能没有充分传达决策的背景和理由，导致团队成员对决策的理解不足。基于对反馈的认识，刘强制订了行动计划。他决定提高透明度，包括更多地与团队分享决策的背景和原因。他还决定加强沟通，确保信息流畅且双向沟通畅通无阻。他制定了具体的目标和时间表，以衡量他在这些方面的改进。

在计划实施过程中，刘强主动与团队成员对话，以更好地理解他们的观点和体验。他组织了几次团队讨论会，讨论透明度和沟通问题，并与团队成员共同探讨改进的方法。这些对话过程让刘强更深入地了解了团队成员的需求和期望，并建立了更强的信任和合作关系。与此同时，刘强通过持续学习和反馈循环，不断地改进自己的决策能力和沟通效果。

通过这个例子，我们可以看到刘强如何对待反馈，并将其应用于个人发展。他通过解读反馈、制订行动计划、对话和探讨，实现了持续学习和改进。这个例子展示了基于反馈的持续学习的过程，以及如何通过反馈来发现问题和改进空间，进而提升个人能力和团队效果。

基于反馈的持续学习与成长是危机领导力发展中的关键要素，在危机领导力的培训与发展中起着重要的作用。它强调通过接受反馈信息并加以应用，不断学习和成长，以提高领导者在危机中的表现。领导者需要认识到反馈的重要性，并接受来自上级、同事、下属以及其他利益相关者的反馈。要保持开放的心态，将反馈视为改进的机会，并将其应用于实际行动中。

1. 反馈的重要性

反馈是一种宝贵的信息，可以帮助领导者了解他们的行为、表现和影响力。在危机领导力发展中，领导者需要明确知道自己的强项和发展需求，以便有针对性地改进和提升自己的能力。同时，重视反馈也有助于组织建立学习与发展的文化，促进团队合作和信任的建立。

反馈提供了领导者自我认知和成长的机会。领导者可能对自己在危机中的行为和表现存在盲点，而反馈可以揭示这些盲点并帮助他们了解自己的真实情况。通过了解自己的强项和发展需求，领导者可以有针对性地改进自己的技能和能力，从而更好地应对危机。

反馈可以帮助领导者了解他们的行为如何被感知，并识别出自己的影响力。通过接受他人的反馈，领导者可以更好地了解自己的言行对团队成员的态度、士气和表现产生的影响。这有助于领导者调整自己的行为，以更好地激励和引导团队成员。

反馈可以帮助领导者识别出存在的问题和改进机会。领导者可能在危机中面临各种挑战和难题，而他人的反馈可以帮助他们发现这些问题的根源和解决方案。反馈可以提供新的观点、经验和建议，帮助领导者改进决策能力、危机管理技巧和沟通效果等。

通过重视反馈，组织可以营造学习与发展的文化氛围。当领导者积极接受反馈并将其应用于自身成长时，就树立了一个良好的榜样，鼓励团队成员也接受反馈并追求自我成长。这种学习与发展的文化可以促进知识共享、持续改进和团队协作，有助于组织在危机中更加有效地应对挑战。

反馈也是建立信任和关系的重要工具。当领导者积极地接受反馈并展示对他人意见的尊重和关注时，就表明自己愿意倾听和学习。这种开放和包容的态度有助于建立与团队成员、其他利益相关者之间的信任关系，促进有效的沟通和合作。

2. 多维度的反馈

基于反馈的持续学习应该涵盖多个维度，包括来自上级、同事、下属以及其他利益相关者。这种 360 度的反馈可以提供全面而多角度的视角，帮助领导者获得更准确的自我认知，并了解自己在不同角色和关系中的表现。

上级可以提供关于领导者在危机中的决策能力、战略规划和执行等方面的反馈。他们可以评估领导者的整体表现，并提供有关如何改进和提升的建议。上级反馈可以帮助领导者了解自己在组织层面的影响力和表现，并对自己的角色和职责有更清晰的认识。

同事的反馈可以提供对领导者合作能力、沟通效果和团队合作等方面的信息。同事通常与领导者在日常工作中有更直接的接触和互动，他们可以观察领导者的行为和态度，并提供宝贵的建议。同事反馈可以帮助领导者了解自己在团队中的角色，以及如何改善与同事之间的互动和合作关系。

下属可以提供关于领导者的指导和支持能力，以及影响力和激励团队的能力的反馈。下属通常直接受领导者的指导和管理，他们可以提供有关领导者领导风格的观察和建议，以及对领导者行为对团队绩效和士气的影响的反馈。下属反馈有助于领导者了解自己在团队中的领导效果，并根据下属的需求和反馈来调整自己的管理方法。

除了上级、同事和下属，来自其他与危机相关的利益相关者的反馈也非常重要。这些利益相关者可能包括危机中的受影响方、关键利益相关者、合作伙伴等。他们可以提供更广泛的视角，帮助领导者了解自己在危机中的影响和形象，并根据反馈意见进行必要的改进。

3. 反馈接受与应用

接受反馈并将其应用于个人发展，是基于反馈的持续学习的关键步骤。通过接受反馈并将其应用于个人发展，领导者可以不断提升自己的能力。这需要领导者具备开放的心态、解读反馈的能力，并能够制订行动计划、积极与反馈提供者进行对话和探讨。这样的实践能够促进个人成长和组织发展，并为持续学习打下坚实的基础。

接受反馈首先需要领导者保持开放的心态，乐于接受来自不同来源的反馈。应将反馈视为成长和学习的机会，而不是将其看作对自己的评判或批评。拥有开放的心态，意味着领导者愿意接受不同的观点和意见，并从中寻找改进的空间。在接受反馈后还要解读反馈的信息，识别其中的关键信息和模式。应深入思考反馈的背后含义，分析反馈的来源和动机，并从中提取有价值的内容。这需要领导者具备批判性思维和自我反省的能力，以理性和客观的态度对待反馈。

基于对反馈的接受和解读，需要制订行动计划，加以改进。这意味着领导者需要根据反馈的内容和重点确定具体的发展目标，并制定相应的行动步骤。行动计划应该是可量化和可操作的，以确保反馈可以转化为实际的改变和成长。在行动计划的制订以及实施过程中，领导者应该积极与反馈提供者进行对话和探讨，要主动向反馈提供者寻求更多的解释和上下文，以更好地理解他们的观点和体验。这种对话可以帮助领导者深入了解反馈的背后原因，并共同探讨改进的途径和策略。对话和探讨是建立良好反馈文化和促进有效学习的重要环节。

需要注意的是，基于反馈的持续学习是一个不断调整和改进的过程，因此应通过反思和自我评估来不断审视自己的行为和表现，识别出有待改进的方面，并制订相应的学习计划。

第五章
危机中的韧性领导力

本章从理论上探讨了危机时刻韧性领导力的特征和优势，以及韧性对领导力的重要性．强调了在危机中接受现实并适应变化的重要意义，以及韧性心理与情绪管理的重要性。此外，还探讨了韧性对组织适应与变革能力的影响．旨在揭示危机中韧性领导力的独特价值，及其对领导者在危机中应对挑战、引领团队和推动组织变革的关键作用。

韧性领导力的定义与特征

　　韧性是领导者必须具备的一种意志。古往今来，凡是有作为、有成就的人，都具有极强的韧性。有韧性的领导者在面对逆境、挑战或不确定的情境时，能够采取积极有效的措施在稳定中保持灵活，在灵活中维护稳定，以此领导组织从困境中恢复并实现成长。这方面的例子可以说不胜枚举。

　　本部分将阐述韧性和韧性领导力的内涵和韧性领导力的行为特征两个议题，希望能够在复杂多变和高度不确定的情境下充分发挥韧性领导力的重要作用，成功应对危机，实现企业持续发展。

1. 韧性和韧性领导力的内涵

　　韧性是指个体或组织在面对压力、挫折和困境时，能够以积极、适应性和回弹力的方式应对，而后恢复到原始状态或实现持续发展的能力。韧性包括适应性、弹性、坚韧和复原能力。

　　韧性领导力是指领导者在面对挫折和困境时能够迅速恢复并保持正常的工作状态，坚持既定的目标和方向，勇往直前、永不放弃的能力。这种领导力强调领导者在压力下的应对能力、在逆境中的适应性，以及在团队或组织中发挥榜样作用的能力。韧性领导力将硬领导力（如决策能力、战略规划）和软领导力（如沟通能力、团队合作）相结合，展现出领导者的魄力、魅力和能力。

韧性领导力涵盖两个方面：一是领导者个人的韧性。领导者需要具备抗压能力、反弹能力和复原能力，能够在面对挫折和困境时保持积极的心态，迅速调整并重新投入工作，以实现个人和组织的复原与发展。二是领导者的引领作用。领导者在困难和挫折面前要能够起到榜样和骨干作用，能够带领组织和团队一起面对挑战并努力前进，尤其在关键时刻能够挺身而出，果断采取行动。总而言之，韧性领导力强调领导者在面对压力和困难时的适应性、恢复力和坚韧性，以及领导者在引领团队克服挑战、实现目标时的魄力和能力。这种领导力在不确定和变化的环境中尤为重要，能够帮助组织和团队应对挑战并实现成功。

综上所述，韧性和韧性领导力都强调在不确定、复杂和快速变化的环境中个体和组织需要具备的适应性、弹性和坚韧性，以应对挑战并实现成功。韧性领导力则特别关注领导者在这种环境下的角色和能力，包括个人的韧性和在团队中引领和影响他人的能力，这样的领导力能够帮助组织和团队有效地应对变化和挑战，取得积极的成果。

2. 韧性领导力的行为特征

作为一种由内向外散发出的气质，韧性领导力是个人或组织的坚强"内核"。这个"内核"就像核反应堆，为个人或组织的领导力提供了强大而持续的动力。韧性领导力应具有坚定的理想信念、乐观积极的心态和行动、顽强的适应能力和独创性，以及情绪管控和寻求支持四个方面的主要行为特征。

坚定的理想信念意味着领导者有明确的目标和价值观，并能够将其传达给团队成员。具有韧性领导力的领导者相信自己的使命，并能够激发他人的动力和承诺。无论面临多大的困难或逆境，他们都能够坚守自己的信念，并为之努力奋斗。

具有韧性领导力的领导者表现出积极、乐观的态度，即使在困难和挑战面前也能保持镇定和乐观。他们能够看到问题中隐藏的机会，并以积极的方式回应。他们鼓励团队成员保持积极的心态，激发团队成员的创造力和创新思维，并以积极的行动示范和引领团队。

韧性领导力需要具备顽强的适应能力，即在不确定和变化的环境中迅速适应和调整。具有韧性领导力的领导者能够灵活应对挑战，寻找新的解决方案，并鼓励团队成员也具备适应能力。此外，具有韧性领导力的领导者还具备独创性，能够提出创新的思路和策略，以应对困难和变革。

情绪管控是韧性领导力中至关重要的一项内容。具有韧性领导力的领导者需要能够管理自己的情绪，并在压力和挫折面前保持冷静和理性。他们能够有效地管理团队成员的情绪，为成员提供支持和指导，帮助他们克服挑战并保持动力。同时，具有韧性领导力的领导者也知道寻求支持的重要性，他们能够建立支持网络，与他人共同面对困难和挑战，进而从中获得支持和反馈。

上述这些行为特征共同构成了韧性领导力的核心，使领导者能够在困难和不确定的环境中保持强大的动力和影响力。通过发展这些特征，领导者可以激励团队克服困难，实现个人和组织的成功。

危机中韧性领导力的力量和优势

在危机中，具有韧性领导力的领导者能够帮助和引领团队适应变化，鼓励团队成员保持积极心态，提高团队凝聚力，并最终带领团队顺利度过危机并取得成功。

1. 韧性领导者的特质和行为

韧性领导者能够保持适应性、心理韧性和积极心态，注重沟通和透明度，发现机会并推动创新，同时重视团队建设和支持。这些特质和行为使得韧性领导者能够引领组织有效应对危机，并获得持续发展。

韧性领导者具备适应和灵活应对变化的能力。首先，他们能够快速调整战略、目标和方法，以适应危机带来的新情况和挑战。其次，他们不会被固有的观念和既定计划所束缚，而是能够灵活地寻找解决问题的新途径。

韧性领导者具备心理韧性，能够在压力和逆境中保持冷静和积极的心态。首先，他们能够正面困难和挫折，保持专注和乐观，同时激励团队克服困难。其次，他们能够以积极的态度应对挑战，找到解决问题的方法，并鼓励团队成员保持信心和动力。

韧性领导者在危机中注重有效的沟通和透明度。首先，他们能够及时向团队成员传递重要信息，说明困难和挑战的现实情况，并制订明确的行动计划。其次，他们能够与团队保持紧密联系，鼓励开放的沟通和反馈机制，以确保团队共同面对危机并采取行动。

韧性领导者能够在危机中看到机会，并鼓励团队采取创新的方式来解决问题。首先，他们能够鼓励团队成员提出新的想法和解决方案，推动组织在逆境中实现持续改进和创新。其次，他们能够将危机看作是学习和成长的机会，并从中寻找可供利用的潜在的机遇。

韧性领导者注重团队建设和支持。首先，他们能够激发团队成员的合作精神和团结力量，以建立共同的目标和信任关系。其次，他们能够提供必要的支持和资源，帮助团队克服困难和挑战。他们能够培养团队成员的韧性，激励他们在危机中保持高度的工作动力和意愿。

2. 打造韧性领导力的实用建议

丘吉尔曾说"不要浪费一场危机"。因为每一次危机，都是一次压力测试，都隐藏着机会。危机正是淬炼领导力的最佳时机。面对危机以及不确定的未来，可以通过加强学习、注重创新、勇于担当等方式打造韧性领导力。

持续不断地学习和成长，获取新的知识和信息，并将其应用于实践中。通过学习，可以增强自己的专业知识和技能，提高解决问题和应对挑战的能力。同时，也应该坚定自己的信念，这将为领导者提供坚实的基础和指引，帮助他们在困难时保持稳定和坚定。

培养积极乐观的心态，看到问题中的机会。积极乐观的心态有助于塑造团队的氛围和文化，激发成员的动力和创造力。通过培养积极的心态，领导者能够在逆境中保持冷静和乐观，同时鼓励团队成员克服困难，持续前进。

注重创新思维和解决问题的能力，鼓励团队成员提出新的想法和方法，寻找创新的解决方案。直面问题意味着勇敢地面对挑战和困难，而不是回避或逃避。领导者应该带领团队一起面对问题，寻找解决方案，并勇敢地采取行动。

要承担责任并履行自己的职责，积极地参与团队的工作，与团队成员共同面对挑战。领导者需要展现出决心和勇气，始终保持对目标的追求，并为之努力奋斗。通过担当和履职，领导者能够树立榜样，激励团队成员跟随并克服逆境。

上述路径或者说方式相互关联，共同促进韧性领导力的提升。加强学习和坚定信念为领导者提供了知识和价值观的支持，调整心态和积极乐观帮助领导者保持积极的心态和团队氛围，注重创新和直面问题培养了解决问题的能力，而勇于担当和履职尽责则体现了领导者的责任感和决心。通过在这些路径上不断努力和提升，领导者可以提升自己的韧性领导力，更好地应对逆境，并为个人和组织的成功做出贡献。

危机中的韧性对领导者的重要性

在困难的情况下，特别是在危机时期，领导者的韧性显得至关重要。危机往往充满了不确定性、紧迫性和复杂性，因此需要具备韧性的领导者来应对危机中的各种挑战和困难。具备韧性的领导者能够在动荡和不确定的环境中保持稳定，并带领团队克服困难，实现目标。他们能够看到危机中的机遇，推动变革，并通过透明和有效的沟通建立信任。

1. 危机中韧性对领导者的影响

具备韧性的领导者能够以创新的方式适应和应对挑战，保持冷静并做出明智的决策，通过积极的影响力鼓励团队成员，同时从失败中学习并帮助组织恢复和成长。这种领导风格对于危机管理和组织的成功至关重要。

具备韧性的领导者在面对危机时能够以创新的方式思考问题，并寻找新的解决方案。他们不会被固有的思维模式所限制，而是敢于尝试新的方法和策略。这种创新思维有助于他们应对复杂的挑战，并为组织带来新的机会。

具备韧性的领导者能够适应变化，并在不确定的环境中保持冷静。他们不会因为危机而陷入恐慌或消极情绪，而是能够保持冷静和理智。这种应变能力使他们能够迅速调整组织战略和目标，以适应危机带来的变化。

具备韧性的领导者通过积极的态度和行为影响他人。他们展示出对困难的应对能力，并鼓励团队成员保持乐观和积极的心态。这种积极的影响力有助于提高团队士气和凝聚力，在团队中建立起共同应对危机的信心和合作精神。

具备韧性的领导者在危机中能够做出明智的决策。他们能够在压力下保持清晰的思维，评估并选择最佳的行动路线。这种决策能力对于危机管理非常关键，能够帮助组织有效地应对挑战，并最大限度地减少损失。

具备韧性的领导者会从失败和挫折中学习，并能够帮助团队成员做同样的事情。他们不会被失败击倒，而是将失败作为反思和改进的机会。这种学习和成长的态度使他们能够带领团队从危机中恢复并前进，为组织未来的成功奠定坚实的基础。

2. 危机中韧性领导力的培养

要培养危机中的韧性领导力，需要在危机中接受现实，保持冷静和沟通，学会自我关怀和反思，建立弹性团队等。

培养危机中的韧性领导力，首先要做到的是能够是接受危机的存在和现实的挑战。要正视问题，并展现出积极的应对态度。危机中特别要培养情绪智力，其有助于领导者理解和管理自己与他人的情绪，这对于在压力下保持冷静和做出决策非常重要。保持冷静和稳定的情绪可以帮助领导者更好地分析情况，做出明智的决策，并在团队中传递平静和信心。危机中的领导者往往面临巨大的压力和挑战，因此要保持韧性，就要照顾好自己的身心健康，如适当的休息、锻炼和寻求支持等，这些自我关怀措施都至关重要。

除了正确的心态调节，工作中要保持有效的沟通，这是拥有韧性领导力的关键。领导者应该与团队成员保持密切联系，分享信息，提供指导，并确保每个人都了解形势和目标。也要在危机中明确目标和优先事项，以帮助团队集中精力、分配资源，并制订行动计划。危机之中团队的韧性培养也是领导者的责任。培养一个具有弹性和适应性的团队，可以更好地应对危机。尤其要注重鼓励团队成员相互支持、合作和创新。另外，危机可以说是一个学习的机会。作为领导者，及时反思并从危机中吸取教训至关重要。识别成功和失败的因素，并将它们应用于未来的情境中。

接受危机的现实并适应变化

危机中接受现实并适应变化是领导者的一项重要技能，也是其关键责任之一。接受危机的现实，承认危机的存在，可以让领导者更好地理解形势，并为解决问题做好准备。危机常常伴随着变化，因此保持灵活性非常重要。适应新的情况和变化的能力将帮助领导者更好地应对危机。

1. 接受危机的现实

在企业面对危机时，企业领导者承担着重要的责任和角色。只有通过面对现实、保持冷静和理性、与团队开放沟通、制订策略和行动计划以及关注员工福祉等方式，才能引领组织渡过难关。

面对危机，领导者需要正视危机的存在，并承认其重要性和严重性。不回避或掩盖问题，而是坦诚地面对现实。这种诚实和透明的态度有助于建立信任，并为解决问题和采取必要行动奠定基础。同时要保持冷静和理性，情绪化的反应可能导致错误的决策或行动。通过保持冷静和理性思考，领导者能够更好地分析情况、制订计划并应对挑战。

企业发生危机后，领导者要了解危机的根本原因、影响范围和可能的解决方案。为此应积极收集相关信息，包括从内部和外部来源获取的信息，并进行仔细的分析和评估，这有助于制订明智的决策和行动计划。与此同时，要与团队进行开放和透明的沟通，分享现实情况，向他们提供准确的信息，并解释危机对组织的影响和可能的后果。建立一个开放的沟通渠道，鼓励员工提出问题和提供反馈，对于保持团队团结和合作非常有益。

基于信息的收集和分析以及开放和透明的沟通，要制订应对危机的策略和行动计划，包括明确的目标、优先事项、资源分配和时间表。制订具体的策略和行动计划有助于提供方向和指导，以应对危机并减轻其影响。同时要灵活调整战略、目标和计划，寻找新的机会和解决方案，应鼓励团队成员发挥创造力和创新精神，共同适应变化并应对危机。

另外，危机对员工的福祉和士气可能产生负面影响。领导者应关注员工的需求和情绪，并提供支持和资源来帮助他们应对挑战。这主要包括开展员工心理健康支持计划、提供培训和发展机会，并确保有效的沟通和反馈机制。

2. 适应危机的变化

具有韧性领导力的领导者能够保持积极的心态和灵活性，寻找机会并寻求支持。通过持续学习和提升技能，调整战略和目标，以更好地适应危机中的变化，并找到新的机遇和成功的路径。

适应危机的变化，首先，要接受变化的存在，认识到危机时期变化的不可避免，并接受这个事实。这样领导者就可以放下过去的期望和假设，更好地适应新的现实。

其次，要采取具体的措施来应对这种变化。一是要寻找机会和解决方案。危机中常常伴随着挑战，但也蕴含着机会，因此要寻找危机中的机会，并思考如何应对变化和解决问题。发掘新的市场需求，创新产品或服务，寻找新的合作伙伴等，都可以成为应对变化的途径。二是要建立强大的支持网络。在危机中，与他人建立支持和合作的关系非常重要。与同行、业界专家或其他企业领导者建立联系，分享经验和机会，可以借助资源、人力等来应对危机中的变化。三是要调整战略和目标。危机发生后，企业原有的战略和目标要调整和评估，重新制定出适应变化的战略和目标，并确保目标与新的现实相符。灵活地调整战略和目标，才能适应危机中的变化。在实施上述这些措施的过程中，要注重有效沟通，以减少不确定性和恐慌，帮助各方更好地适应变化。

危机中的韧性心理与情绪管理

通过培养积极心态、建立支持网络、强化自我调适能力和制订目标行动计划，个体可以更好地应对危机并从中获得成长。

1. 韧性心理与情绪管理的关系

韧性心理是指个体在面对困境、逆境或危机时所展现出的心理弹性和适应能力，而情绪管理则是个体在危机中要有效地管理和调节自己的情绪反应。情绪管理是韧性心理的一个重要组成部分。在危机中，个体可能会面临许多负面情绪，如焦虑、恐惧、沮丧等。有效的情绪管理可以帮助个体处理这些情绪，减轻心理压力，并保持心理平衡和适应能力。

韧性心理和情绪管理之间存在着密切的关系。具体而言，韧性心理可以为情绪管理提供一个坚实的基础。韧性心理中自信和乐观的态度有助于个体对困境中的情绪做出积极的应对。个体相信自己有能力战胜困难，对未来抱有希望和信心，这种信念和态度能够影响其情绪反应，使其更积极、更主动地应对危机。此外，韧性心理中的适应性思维也与情绪管理密切相关。个体在危机中能够灵活调整思维方式和适应新的情境，有助于其更好地理解和处理自己的情绪反应。适应性思维可以帮助个体从更积极的角度看待问题，找到解决问题的方法，避免沉湎于消极情绪中。同时，情绪管理也对韧性心理起着重要的支持作用。有效的情绪管理可以帮助个体保持平衡、冷静和适应性，减轻负面情绪对韧性心理的干扰。情绪管理策略如情绪调节、情绪释放和寻求社会帮助等，可以提供个体应对挑战的情绪和情感支持，以及恢复能力等，让个体更好地应对危机。

因此，韧性心理和情绪管理是相互促进、相互支持的。韧性心理提供了个体应对危机的心理弹性和适应能力；而情绪管理则是实现韧性心理的重要手段，它能够帮助个体有效处理和调节情绪反应，以保持心理平衡和适应能力。

2.危机中二者如何相互作用

在危机中，韧性心理和情绪管理之间的有效相互作用需要个体具备情绪识别和调节的能力，结合适应性思维，寻求社会支持，获得情感释放，而后进行自我反思和学习。

情绪管理的第一步是个体对自己的情绪进行识别和理解。在危机中，个体需要学会辨识自己的情绪反应，包括焦虑、恐惧、沮丧等。这种情绪识别能力可以使个体更好地应对困境。韧性心理中的适应性思维可以帮助个体以积极的态度看待问题，从而更好地调节情绪反应。个体可以尝试采用情绪调节策略，如深呼吸、放松练习、积极思考等来减轻负面情绪的影响，保持冷静和平衡。

　　从韧性心理方面来说，危机中的个体可以寻求他人的支持和理解，以帮助自己有效地管理情绪。韧性心理鼓励个体主动寻求社会支持，与他人分享困境和情绪，从中获得情感上的支持和安慰。与他人交流和倾诉可以减轻个体的心理负担，并提供情感释放的途径。同时，他人的支持和理解也可以增强个体的韧性心理，增强个体对困境的应对能力。除了寻求外援，危机中的个体也应进行自我反思和学习，以加强韧性心理和情绪管理的相互作用。可以回顾自己的情绪反应和应对策略，分析其有效性和不足之处。通过反思和学习，可以调整情绪管理策略，培养更加积极的态度，以进一步增强自己的韧性心理。

第六章
发展韧性领导力的策略

发展韧性领导力，需要培养自我意识和自我调节能力，增强逆境应对和适应能力，保持身心健康和生活平衡，成为打造韧性文化的榜样，并通过赋能员工发展来实现企业的价值。这些策略可以帮助领导者在面对变化、挑战和压力时保持稳定和积极的心态，提供支持和指导给员工，以促进团队的韧性和整体绩效。

培养自我意识与自我调节能力

　　培养自我意识与自我调节能力是发展韧性领导力的重要策略。自我意识使领导者能够深入了解自己的情绪、价值观和行为模式，从而更好地认识自己的优势和缺点。而自我调节能力使领导者能够在面对压力、挑战和变化时保持冷静、灵活和适应性，以有效地管理情绪和行为。自我意识和自我调节能力可以帮助领导者更好地应对复杂的工作环境和团队关系，做出明智的决策，营造积极的工作氛围，激励组织实现共同目标。因此，培养自我意识与自我调节能力是塑造韧性领导力的关键。

1. 成为有自我意识的领导者

　　自我意识指的是对自身的情绪、优势、劣势、需求和动机有着深切的认知和理解。自我意识是一种自我领导力，它对于领导者尤为关键，是领导者的"万能之钥"。领导者的自我意识可以帮助他们更好地了解自己，发现自己的优点和缺点，从而更好地管理自己的情绪和行为，取得更好的领导效果。

　　苹果公司的前 CEO 史蒂夫·乔布斯就是一个具有很高自我意识的领导者。他清楚地了解自己的优点和缺点，知道如何利用自己的优点来发挥领导者的作用，同时也知道如何规避自己的缺点，让团队中的其他人来弥补。

想要真正理解自我意识，就必须更加深入地了解以下六项自我意识的内容。至于如何发展自我意识，其实很简单，逐一对照填补下面六项中的空白即可。

（1）知道自己的好恶及其中的原因。自我意识的第一步是了解自己的偏好和厌恶。这需要反思和观察，明确自己对事物的态度和情感反应。通过思考和实践，可以发现自己喜欢的活动、人际关系和环境，并理解这些喜好背后的原因。同样，认识到自己的厌恶和不喜欢也很重要，这有助于我们更好地辨别和追求真正符合自己内心需求的事物。

（2）对自己的才能及优缺点了然于胸。自我意识包括对自身的能力和特点的认知。了解自己的才能和优点有助于我们建立自信心，发挥潜能以及寻找合适的机会。同时，也要识别自己的缺点和局限性，这有助于我们更好地发展自己，寻找改进的方向，并与他人合作来弥补自身的不足。

（3）明白自己在想什么。自我意识还涉及对自己思想的观察和理解。我们需要学会关注自己的内心对话、思维模式和情绪变化。通过冥想、正念等练习，可以培养这种觉察力，以更好地理解自己的思考过程，从而控制和引导自己的思维。

（4）明白自己的信念，同时懂得取舍。要审视自己的信念体系，明确哪些信念对自己有益，能够给自己带来力量和积极的影响；而哪些信念则可能限制自己的成长和发展，要刻意避免。通过反思和自省，可以调整和更新自己的信念，使其与自己的价值观和人生目标保持一致。

（5）明确自己的人生目标以及原因。要思考和界定自己的追求和意义所在，明确自己希望在生活中实现的目标和愿景。了解自己的人生目标，并明确其原因和动机，有助于我们更加专注于重要的事情，做出明智的决策，并在追求中找到生活的意义，获得人生的满足感。

（6）欣赏自己的独特价值。每个人都有自己独特的才华、经验和贡献。通过认可自己的独特之处，建立自信和积极的自我形象，可以更好地发挥个人潜力，与他人建立起积极的关系。

总之，要发展自我意识，就要了解自己的喜好和厌恶、优点和缺点、才智和才干，以及信念体系、人生目标和独特价值。通过反思、观察、反馈和学习，可以逐渐加深对自己的了解，让自己成长为更自信、更独特的个体。这是一个持续的过程，需要不断努力和关注。

2. 领导者要有自我调节能力

自我调节能力是指能够管理和调整自己的情绪、反应和行为，以适应不同情境的能力。领导者的自我调节能力可以帮助他们在压力和挑战面前保持冷静和理智，从而更好地处理问题。亚马逊公司的创始人杰夫·贝佐斯就是一个具有出色自我调节能力的领导者。

贝佐斯在创办亚马逊公司的早期经历了许多困难和挑战。然而，他始终能够保持冷静和理智的态度。他明白情绪化的决策并不能解决问题，因此他努力控制自己的情绪，以更客观的方式看待问题。这种自我调节能力使他能够在压力下保持清晰的思维，做出明智的决策。

贝佐斯的自我调节能力还表现在他对失败的处理上。作为一家全球知名的电商平台，亚马逊公司并非一帆风顺地发展起来的。贝佐斯善于从失败中吸取教训，而不是沉溺于消极情绪中。他将失败当作学习和成长的机会，坚持不懈地寻找解决问题的方法。这种积极的态度和自我调节能力，使他能够在困难时期保持优秀的领导力，从而驱使亚马逊公司不断发展壮大。另外，作为一家全球性的公司的领导者，贝佐斯面临着巨大的工作压力和挑战。然而，他能够通过制订合理的时间管理计划、设定优先事项和寻求支持等来有效应对压力。此外，他还十分注重保持健康的生活方式，如良好的睡眠、健康的饮食和有规律的运动，从而增强自我调节能力。

领导者的自我调节能力对于成功领导企业至关重要。贝佐斯的成功经验告诉我们，通过培养自我认知、情绪管理、压力管理、反思学习、寻求支持与反馈等方法，领导者可以不断提升自己的自我调节能力，从而更好地应对挑战并取得成功。

增强逆境应对与适应能力

逆境应对与适应能力是一项重要的领导能力，领导者掌握后，可以帮助企业更好地应对挑战和困难。企业领导者需要不断地学习和发展自己的能力，通过培养积极的心态、学习和运用弹性思维、增强自我认知、建立支持系统、接受挑战与逆境等策略，来增强逆境应对和适应能力，以带领企业更好地应对未来的挑战和困难。下面结合具体案例讨论企业如何增强逆境应对和适应能力。

1. 增强逆境应对能力

有一家主要从事电子商务业务的初创公司，在竞争激烈的市场中，面临着诸多逆境和挑战，如市场变化、技术变革和供应链问题。从"增强逆境应对能力"的角度出发，该公司采取了以下措施。

首先，公司积极监测市场趋势、行业变化和竞争动态，并进行预测和规划，以帮助公司预见潜在的逆境，从而提前制订相应的战略和应对计划。其次，公司大力发展多元化业务，以减少对单一市场或产品的依赖。通过开发不同领域或不同市场的产品和服务，公司在面临逆境时有了更多的选择和应对策略。再次，公司鼓励创新，大力支持新技术和新业务模式的研发。最后，公司建立了灵活的组织结构和决策机制，可以更快地做出决策和进行调整，以适应逆境带来的变化。

为了更好地适应市场变化和应对竞争压力，公司十分关注员工的逆境应对能力。制订和实施培训和发展计划，帮助员工建立应对压力和变化的技能和心理素质。鼓励员工参与团队合作和问题解决，以增强他们的适应性和创新能力；鼓励员工不断学习和上进，以提升自身的能力和竞争力，来更好地应对逆境和变化。除此之外，公司还积极寻求与其他公司建立合作伙伴关系，共同应对逆境。合作伙伴关系可以给公司带来资源共享、风险分担和知识交流，从而增强公司的逆境应对能力。

通过采取这些措施，这家初创公司的逆境应对能力得以增强，拥有了可以更好地应对市场变化、技术变革和供应链问题的能力，并在竞争激烈的市场中取得了很好的成绩。

2. 增强逆境适应能力

E公司是一家全球领先的流媒体公司，提供在线观看电影、电视节目和纪录片的服务。在过去几年里，E公司面临着行业竞争加剧、内容制作和采购成本上升，以及全球疫情对制片业务的冲击等逆境。从增强逆境适应能力的角度出发，E公司采取了以下措施。

E公司对市场和用户需求有着敏锐的洞察力。他们密切关注用户行为、市场趋势和竞争动态，不断调整和优化自己的业务模式和内容策略。面对竞争加剧和内容成本上升的逆境，E公司加大了对原创内容的投资。他们意识到独特和高质量的原创内容可以吸引用户，于是便创造出差异化的内部服务模式来服务用户，以此占据竞争优势。E公司利用大数据分析来指导决策，通过对用户数据进行深入分析，了解用户喜好和观看习惯，从而调整内容策略和推荐算法，提供个性化的观看体验。积极投资技术创新，包括流媒体技术、推荐算法和内容分发网络等领域。这些技术创新提升了用户体验，提高了内容传输效率，最终帮助E公司在竞争激烈的市场中占据了优势。

此外，E公司与许多制片公司、制片人和创作者建立了合作关系。这种灵活的合作模式使它们能够快速适应市场变化和需求，获取多样化的内容供应。同时，E公司采取了全球化战略，将其服务扩展到全球范围，使他们能够分散风险，减少对特定市场的依赖，并在不同地区的逆境中找到新的增长机会。

通过以上措施，E公司不断提升自身的逆境适应能力，表现为能够灵活调整业务模式，投资于原创内容，利用数据驱动决策，并与全球合作伙伴合作。这使得E公司在流媒体行业中保持着领先地位，并持续实现业务增长和创新。

保持身心健康与生活平衡

保持身心健康与生活平衡对于发展韧性领导力至关重要。领导者可以通过健康的生活方式、压力管理、工作与生活的平衡、社交支持和关系建设、自我关怀和休息，以及终身学习和个人成长等方法来实现这一目标。这些策略有助于领导者保持身心健康、增强韧性，从而更好地应对挑战和压力，展现出超强的领导力。

1. 如何保持身心健康

身心健康对于领导者个人幸福感和领导能力至关重要，同时也影响着公司的决策和未来的发展。领导者保持身心健康，可以采取以下方法。

一是健康饮食。领导者应该注重均衡的饮食，摄入丰富的营养物质，避免过多依赖加工食品和快餐。例如，增加新鲜水果和蔬菜的摄入量，选择富含健康脂肪的食物，如鱼类、坚果和橄榄油等，同时限制高糖和高脂肪食物的摄入。

二是充足的睡眠。良好的睡眠对于领导者的身心健康至关重要。例如，确保每晚有足够的睡眠时间，创造一个舒适的睡眠环境，遵循规律的睡眠时间表，并避免在睡前使用电子设备。

三是适度的体力活动。身体锻炼有助于提高领导者的身体素质和心理健康。领导者应该定期进行适度的体育活动，例如，每周进行有氧运动，如慢跑、游泳、瑜伽、健身、骑自行车等。这些活动可以帮助他们释放压力，增强免疫力，同时提升注意力和专注力。

四是压力管理。领导者应该学会有效地管理压力。例如，尝试通过深呼吸、冥想、放松训练或瑜伽等方式来减轻压力。此外，还可以通过规划时间、设定优先事项和学会委托任务来减轻工作压力。

五是心理健康。领导者应该关注自己的心理健康。例如，聘请心理咨询师或心理健康专家，来处理自己的情绪问题，提高自我意识和情绪管理能力。

六是社交关系。积极的社交关系对于领导者的身心健康至关重要。例如，与家人和朋友保持密切联系，定期安排聚会或活动，分享经验和情感支持，以减轻压力，增强幸福感。

七是自我关怀。领导者需要给自己留出时间进行自我关怀。例如，参加自己喜欢的休闲活动，如阅读、绘画、烹饪或旅行等。这些活动可以帮助领导者放松身心，提高幸福感，并为自我成长和发展提供机会。

通过以上方法，领导者可以更好地应对挑战，保持高效的工作状态，以更好地为团队和组织做出贡献。

2. 如何平衡工作与生活

平衡工作和生活，具体是指平衡工作、家庭、社交、个人发展等方面。通过以下方法，领导者可以很好地平衡工作和个人生活，提高生活质量，保持身心健康，提高工作效率，增强领导能力，最终在事业上取得成功。

一是设定工作时间边界。领导者可以设定明确的工作时间边界，例如规定每天晚上某个具体时间之后不再处理工作事务，或者保留周末的休息时间，与家人在一起的时间，这样可以确保工作、生活张弛有度。

二是优化日程安排。领导者可以使用时间管理技巧来优化日程安排。例如，合理安排工作任务的优先级，避免时间浪费和多任务处理的压力。领导者可以使用日历或时间管理工具来帮助自己规划和组织工作与个人事务，确保每个重要领域都得到适当的关注。

三是委派和授权。领导者应该学会委派和授权团队成员分担工作任务。领导者通过分配合适的任务给合适的人，来有效管理，减轻工作压力，并为自己腾出时间处理更重要的事务或享受个人生活。

四是建立支持系统。领导者应建立支持系统，包括与家人共享家庭责任和事务，与朋友和同事保持良好的沟通和互动。这种支持系统可以提供情感支持和帮助，减轻领导者的压力，促进其生活的平衡。

五是培养兴趣爱好。领导者可以培养个人的兴趣爱好，并给自己留出时间参与其中。无论是运动、艺术、音乐还是阅读，这些爱好可以帮助领导者放松身心、恢复能量，并为其增添生活乐趣，让其获得满足感。

六是寻求支持和指导。领导者可以主动寻求支持和指导，例如通过与领导力教练或专业顾问合作和交流，获得关于平衡生活和工作的建议与策略，从而更好地管理自己的时间和资源。

这些做法可以帮助领导者在工作和生活之间取得平衡，重要的是认识到平衡生活的重要性，并采取积极的行动来实现这个目标。总而言之，每个领导者都可以根据自己的情况和需求选择适合自己的方法来平衡生活与工作。

成为打造韧性文化的榜样

　　龙湖集团自开始运营以来，一直坚守其明确且稳健的商业策略，以客户需求为中心，制定战略方向，优化运营体系。龙湖集团以"变、定、行"三个字引领了 2020 年的探索之旅，其中"变"即接受变化，"定"即坚定战略，"行"即知行合一。这可以被视为龙湖集团对"高韧性企业"的理解和阐释。龙湖集团 CFO（首席财务官）赵轶曾这样说：没有永远繁荣的行业，但可以有永远充满活力的企业，关键是在坚定战略和接受变化之间找到平衡，并有效地将这种平衡赋予组织一线。企业文化的长期实践，以及坚定的财务管理风格，是我们在不同周期中恒定的支持力量。同时，我们在组织战略能力、数据管理、市场占有率和客户黏性等方面得到了增强，实现了稳健与创新的平衡，这也是我们反脆弱管理的方式。

　　龙湖集团的案例为企业构建韧性文化提供了宝贵的启示。首先，企业需要明确战略方向并坚守初衷，不轻易受到外部环境的干扰。其次，企业应该保持敏锐的洞察力，及时调整和适应市场变化，以保持竞争力。此外，注重组织的战略能力、数据支持和客户关系维护，以及持续的创新和适应能力等也是构建企业韧性文化的重要方面。

1. 明确战略方向并坚守初衷

在建立韧性文化的过程中，企业需要明确自身的战略方向，并坚守初衷，这样可以确保企业在不断变化的市场中保持稳定性和连续性，同时也为企业发展提供了一个明确的指引。

首先，明确战略方向可以帮助企业避免盲目追随市场的短期变化。通过深入了解自身优势、核心价值和长期目标，企业可以制定符合自身定位的长远战略。这种明确的战略方向可以帮助企业在市场波动时保持冷静，避免因受到短期趋势的影响而做出不理智的决策。

其次，坚守初衷意味着企业在面临挑战和压力时能够保持稳定性。外部环境的变化常常会诱使企业改变原有的目标和策略，倘若如此，企业便容易迷失方向并失去持续发展的动力。相反，坚守初衷可以帮助企业保持稳定的发展路径，并在困难时期依然拥有前进的动力。

总之，企业要做到明确战略方向并坚守初衷，就需要在制定战略时充分考虑内外部因素，并进行充分的研究和分析。同时，企业领导层需要具备坚定的意志和决策能力，以保持稳定性。此外，与利益相关者进行有效的沟通和达成共识也是关键，可以确保所有企业成员都能够理解和支持企业的战略方向。

2. 保持敏锐的洞察力并适应变化

企业要构建韧性文化，还需要保持敏锐的洞察力，及时调整和适应市场变化。市场环境常常发生变化，企业需要具备敏锐的观察力和洞察力，以及快速的反应能力。

首先，企业需要持续关注市场趋势和竞争动态。这可以通过市场调研、数据分析、与客户和合作伙伴密切合作来实现。通过收集和分析信息，企业可以及时发现市场的变化和新机遇，以便做出相应的调整。

其次，企业需要具备快速的决策和执行能力。当市场发生变化时，企业需要迅速做出决策并采取行动。这要求企业建立灵活的组织结构和流程，以便快速响应市场变化。此外，企业还应培养团队成员的敏捷思维和行动能力，以便能够快速适应变化的环境。

最后，企业需要注重创新和持续改进。创新是保持竞争力的关键，通过不断推出新的产品、服务和业务模式，企业可以在市场中保持领先地位。同时，持续改进和优化现有的业务和流程也是保持企业竞争力的重要手段。企业应该鼓励员工提出改进意见，并营造一种创新的文化氛围，以提高员工的创新能力和适应变化的能力。

3. 战略、数据、客户和创新

构建韧性文化，企业还需要注重其战略能力、数据支持和客户关系的维护，以及持续的创新和适应能力。这些方面相互关联，共同促进企业在不断变化的环境中保持竞争力和灵活性。

首先，企业的战略能力是指企业在制定和执行战略方面的能力。这包括领导层的决策能力、战略规划和目标设定的能力，以及组织内部的协同和执行能力。一个具备强大战略能力的组织能够更好地适应市场的变化，迅速调整策略并采取相应的行动。

其次，数据支持在构建韧性文化中起着重要的作用。企业需要建立有效的数据收集和分析系统，以获取市场和客户信息，并基于数据做出决策。数据可以帮助企业更好地理解市场需求和趋势，优化产品和服务，以及预测和应对潜在的风险。同时，数据驱动的决策也能够提高企业决策的准确性和效率。

再次，客户关系维护是企业构建韧性文化的关键要素之一。企业应该注重与客户的密切合作和沟通，了解他们的需求和反馈。企业通过建立稳固的客户关系，来更好地进行市场竞争，并在市场变化时获得客户的支持和合作。

最后，持续的创新和适应能力是企业构建韧性文化的重要方面。企业应该鼓励创新思维，并为员工提供创新的环境和机会。持续的创新可以帮助企业不断推出新产品和新服务，开拓新市场，并适应快速变化的商业环境。同时，企业也需要具备适应能力，能够灵活调整策略和资源配置，以适应市场的变化和新的挑战。

让企业价值赋能员工发展

2010 年 12 月，任正非在年度市场工作会议上讲话的主题是"以客户为中心，以奋斗者为本，长期坚持艰苦奋斗"。这三个方面相互关联且相互支持，其中"以客户为中心"是拉力，"长期坚持艰苦奋斗"是推力，"以奋斗者为本"是动力，从而形成了三者有机结合的动态平衡。由此可见，华为的成功，说白了是其核心价值观的胜利。

华为的核心价值观为员工发展提供了有力的支持和指导。"以客户为中心"将客户置于核心位置，意味着华为员工需要深入了解客户需求并为其提供最佳解决方案。这种客户导向的思维方式培养了员工关注和关怀客户的意识，使他们更加注重提供卓越的产品和服务，从而提升了员工的专业能力和市场竞争力。"以奋斗者为本"将奋斗者放在核心位置，意味着华为鼓励员工积极主动地追求个人成长和职业发展。这种价值观激励员工勇于面对挑战，不断学习和提升自我，使他们具备了适应变化和创新的能力，同时也增强了他们的自信心和责任感。"长期坚持艰苦奋斗"强调了持久的努力和坚持不懈的精神，鼓励员工在面对困难和挑战时保持毅力和耐心。这种价值观培养了员工的抗压能力和团队合作精神，使他们能够克服困难，迎接变革，并在竞争激烈的市场中保持优势。总的来说，华为的核心价值观赋能了员工的发展，使他们能够在竞争中脱颖而出，为华为的成功做出贡献。

1. 企业价值与员工发展的共赢关系

企业价值是企业追求的核心原则和目标，员工发展则是企业中员工个人的成长和职业发展，两者之间存在着紧密的联系，相互促进和支持。

企业价值为员工提供了明确的发展方向和目标，使其在工作中能够理解和追寻企业的核心价值观，从而更好地发挥个人才能和潜力。企业价值塑造了企业的文化和价值观，为员工提供了共同的价值框架和准则，使其在工作中能够更好地融入其中，并与企业价值保持一致。企业价值的积极践行可以激发员工的工作动力，使其在工作中感受到被认同和归属感，从而积极参与企业的发展和成长。

员工发展围绕三个方面来进行：一是通过培训、学习和职业晋升机会，提升员工自身的技能、知识和素质水平，从而提高员工在工作中的绩效和贡献，为企业创造更大的价值。二是注重鼓励员工不断学习和创新，培养他们的创造力和解决问题的能力。其中员工创新能力的提升可以促进企业的创新和持续改进，推动企业在竞争中保持优势。三是注重培养团队合作和领导能力，帮助员工更好地协作和管理他人。高效的团队和领导力可以提升企业的整体绩效和协同效能。

总之，企业价值与员工发展密切相关。企业价值为员工提供了明确的方向和目标，塑造了企业文化，增强了员工动力。而员工发展则通过提升绩效和素质、增强创新能力，以及建立高效的团队和领导力，为企业创造更大的价值。建立企业价值与员工发展的共赢关系，将有助于实现企业的可持续发展和员工的个人职业成长。

2. 企业价值如何赋能员工发展

要企业价值赋能员工发展，就要确保员工知道他们在企业中的角色和职责，并设定明确的目标与期望。这些目标应该与企业的价值紧密联系，以便员工能够理解他们的工作对实现企业价值的重要性。

要为员工提供与企业价值相关的培训和发展机会，包括专业技能培训、领导力发展、团队合作等方面。这些机会可以帮助员工提升能力和知识，并将企业的价值观融入到他们的工作中。

要鼓励员工在企业中的个人发展，并为他们提供相应的资源和支持，包括制订个人发展计划、提供导师或教练进行指导、定期进行绩效评估和反馈等。通过关注员工的个人发展，使他们能够更好地理解和应用企业的价值观，并让他们感受到企业对他们个人成长的关注与支持。

要营造积极的工作环境，通过提倡开放的沟通与协作、鼓励创新和自主性、建立公平和公正的奖励机制等方式，使员工能够在工作中体现和践行企业价值观。要知道，积极的工作环境，更有利于员工去实践和体现企业价值观。

要让领导者和管理层以身作则，通过具体的言行来展示和引领企业的价值观。如通过内部沟通、员工会议、故事分享等方式，向员工传达和强调企业价值观，并鼓励员工将其融入自己的日常工作。

第七章
打造危机中的韧性团队

　　本章讨论了打造危机中的韧性团队的关键策略：建立团队的危机感和预警机制、确定和践行共享的愿景和价值观、培养团队的共享与学习文化、建立合作多赢的关系、提升解决问题和做决策的能力，以及建立弹性和多样化的团队结构。通过这些策略，可以打造一支韧性团队，有效应对危机。

建立团队危机感与预警机制

建立团队危机感与预警机制对于打造危机中的韧性团队至关重要。通过建立团队危机感与预警机制，团队能够更早地识别潜在的危机，并提前做好应对准备。这将有助于增强团队的韧性和适应能力，使其能够在危机中保持镇定、迅速做出反应，并取得成功。

1. 制造团队危机感

通过制造团队危机感，让团队摆脱平庸的目标，可以利用鲶鱼效应、加强机制变革、营造危机氛围这三个策略来实现。

利用鲶鱼效应，即通过引入具有激励和启发作用的个体来推动整个团队向更高质量发展。通过吸纳拥有创新思维、冲劲和能力的新成员，可以激发团队成员的竞争意识和创造力，从而提高整个团队的表现。

亚马逊在进入图书行业时，美国的书店几乎每天都有新店开张，无论是连锁书店还是个体经营的书店。然而，亚马逊的出现彻底颠覆了整个图书行业，使得大型图书连锁公司不得不改变经营模式，实现线上线下共同经营。同时，网络书店的崛起使读者能够以更低的价格购买更多的书籍。这就是鲶鱼效应发挥的作用。

在团队危机管理中，我们也应该利用鲶鱼效应。这种效应可以为团队创造一个竞争激烈的环境，使员工产生危机感，并愿意更积极主动地投入工作。团队不应害怕竞争对手过多，而是要害怕没有竞争对手。如果团队中的员工缺乏动力，并且彼此之间没有竞争，就无法看清自身的不足，这样很容易陷入舒适地过日子的状态，难以实现自我提升。在这样的环境中，员工自然缺乏工作激情和动力。

加强机制变革就是通过改变团队的工作机制和流程，营造一种有压力和挑战的工作环境，包括设定更具挑战性的目标、推行迭代式工作方法、鼓励创新和实验、提供自主权和责任等。这样的变革可以激发团队成员的潜力，迫使他们走出舒适区，追求更高的绩效和成就。

小王在一家公司做客服，有客户打电话过来时，她就接一下，解答客户的困惑，引导客户下载公司的 App，指导客户注册、登录、操作。她认为客户打电话咨询过来，转化的订单业绩应该算自己的提成，但是公司依然把这些提成给了别人，她认为公司这样做太不公平了。于是，小王找到做企业培训的朋友倾诉。

小王的朋友了解小王所在公司的机制，便对小王说："公司把订单提成给别人，这需要公司主动改变机制或者你们这些客服主动向公司提出来。问题是你提出来了，老板如果不同意，你怎么自处？你的心里会更加失衡，甚至会离职。如果从老板的角度来说，老板不敢把订单提成算在你身上，是因为自媒体那边没法交代。但是，老板敢得罪你！所以你最好跟老板商量，在不损害公司利益的情况下，让老板跟自媒体商量，通过你的咨询完成的订单跟自媒体分一部分提成，估计自媒体方也会理解，否则这单黄了，公司和你什么也得不到了。"

小王听了朋友的话后就去找老板了。老板听了她的方案后，就去找自媒体谈，结果双方谈妥了。老板这样做也有利于公司，因为公司后台可以监控了，还有老板自己的工作记录做参考。就这样，也算两全其美。

这就是机制的作用。

评价一个团队的机制好不好，就看能不能调动大多数人的积极性，是否符合大多数人的需求。满足大多数人需求的同时还能让团队整体业绩提升，这样的机制就是好机制。

营造团队危机氛围的目的是让团队成员认识到现状的不可持续性和潜在的威胁，由此激发团队成员的紧迫感和主动性，促使他们主动探索解决方案和改进现有工作方式。

有一家公司的总经理为了顺利完成生产指标，尝试了加大奖金力度和延长工作时间等方法，但效果并不显著。这让他感到困惑，不知道该如何解决问题。

直到有一天，总经理到工厂时正好碰上员工换班，夜班工人准备离开。总经理问道："你们一共完成了多少个生产单位？"工人回答说："六个。"总经理随即在小黑板上写下了一个大大的"六"字。

白班工人看到后，不明白这个"六"代表什么意思，于是四处询问。得知这是夜班工人的产量后，不由产生竞争之心。到了晚上交班时，他们将"六"改成了"七"。

于是，白班和夜班工人由此而激发了工作热情，工厂的生产能力明显提升。

人往往有惰性，长时间在舒适的环境中工作会导致懈怠和厌倦，从而影响个人和团队的发展，而团队中良好的竞争氛围可以提升整体绩效。在团队中，我们可以引入竞争榜单的概念。管理者可以制定一些考核指标和需要提升的目标，然后建立相应的榜单。相信通过这样的激励措施，很快就能看到令人满意的结果。

综上所述，团队管理者一定要给团队制造危机感。有危机感的团队才会保持学习的动力，才会积极主动寻求突破。没有危机感的团队，只能在平淡的日子中成为平庸的团队。

2. 建立团队危机预警机制

有一家制造业公司正面临着供应链中断的潜在危机，由此会引发诸如生产线停工、库存不足、与供应商的关系破裂、产品质量问题、金融风险等问题。这些问题对于该公司的生产能力、销售业绩、供应商关系、产品品质和财务状况都构成了现实的威胁。

为了应对危机，该公司决定建立团队危机预警机制。公司首先确定了与供应链相关的关键指标，包括原材料库存量、供应商交货时间、供应商稳定性等。他们设定了预警标准，例如原材料库存低于一定水平或供应商交货延迟超过预期时间。并建立了一个供应链管理团队，负责定期收集和分析与供应链相关的数据和信息。其次，他们还利用供应链管理系统和数据分析工具来监测和分析关键指标，以便及时发现潜在的供应链问题。同时指派了一支由跨部门的关键人员组成的供应链危机应对团队，这个团队负责监测供应链的运作情况，并制定应急计划和协调措施。团队与采购、生产、物流团队保持紧密联系，以确保在供应链中断的情况下能够迅速做出反应。公司为团队成员提供了供应链管理和危机应对方面的培训。团队成员学习了如何识别供应链危机的迹象，掌握了危机管理的策略和技巧，并了解了如何在危机中进行有效的沟通和决策。公司还建立了定期的供应链协调会议制度，邀请采购、生产、物流等部门的代表参与。在会议上，团队成员共享供应链的最新信息，讨论并解决潜在的问题。最后，公司还建立了一个供应链危机信息共享平台，供团队成员实时交流和共享关键信息。公司定期评估供应链危机预警机制的有效性，并根据评估结果进行改进。

通过建立团队危机预警机制，该制造业公司可以及时发现潜在的供应链危机，并采取适当的措施来应对。这使他们能够在供应链中断的情况下保持灵活性和韧性，最大限度地减少对生产和交付的影响，并确保客户的满意度和业务的可持续性。

从这个案例中可以总结以下三条建议，用于指导团队危机预警机制的建立。

（1）明确定义与危机相关的关键指标，并设定明确的预警标准。这些指标和标准应该是与团队所面临的风险和危机密切相关的，可以帮助团队快速发现潜在问题。同时，要确保这些指标和标准是可量化、可测量和可监测的，以便团队能够准确地判断危机的发展趋势和紧迫性。

（2）建立信息收集和分析机制，以及相应的沟通渠道和工具。团队应该定期收集、监测和分析与危机相关的数据和信息，并及时分享给相关成员。这样可以提高团队对危机的感知能力，并为及时做出应对措施提供信息支持。

（3）建立跨部门合作和信息共享的机制，确保各个团队和部门之间沟通畅通。定期召开会议、协调机制和信息共享平台可以帮助团队成员了解整体情况，共享警示信号和重要信息，并协调行动。这种跨部门合作和信息共享可以加强团队的整体应对能力，提高危机预警和应对的效果。

遵循上述指导原则，团队可以建立一个有效的危机预警机制，有效提高对潜在危机的感知能力，并做出及时的应对。这将有助于团队在面对不确定性和挑战时保持韧性，并最大限度地减少危机对业务的负面影响。

建立共享愿景和价值观

谷歌公司的愿景是"整合全球信息，供大众使用，让人人受益"；谷歌公司的核心价值观陈述为"一切以用户为本，其他自然接踵而来"。谷歌的愿景和价值观为企业提供了一个明确的目标、方向和前进动力，支持了谷歌在面临挑战和危机时的生存和发展。而愿景和价值观的共享促使谷歌成为一个韧性强大的企业。

明确的愿景陈述和用户导向的价值观，可以指导企业建立共享愿景和价值观，从而激发团队成员的动力、提高客户满意度，并在面临挑战和危机时保持竞争优势。

1. 明确的愿景陈述

一个明确的愿景陈述对于建立共享愿景至关重要。它应该具备以下特点：简明扼要、具有挑战性、激励人心，并能够明确指导组织的战略和行动。谷歌公司的愿景陈述具备这些特点，为员工提供了一个明确的目标和方向。

愿景陈述应该具有挑战性，能够激发团队成员的激情和动力。它应该是一个远大的目标，超越现有的能力和成就。谷歌公司的愿景陈述传达了谷歌公司追求在全球范围内提供服务的雄心壮志，这种具有挑战性的目标能够激励团队成员不断努力，追求卓越。

明确的愿景陈述应该能够激发人们的热情，使他们产生共鸣和认同。它应该能够激发人们的使命感，培养价值观，并让他们感到自己的工作对于实现愿景是有意义的。谷歌的愿景陈述强调了为大众提供重要服务的使命，这种激发人心的表述能够吸引人们对于谷歌的愿景产生共鸣，使他们愿意为之努力工作。

明确的愿景陈述应该能够为组织的战略和行动提供指导。它应该能够为员工提供一个明确的目标和方向，使他们能够在日常工作中对愿景的实现做出贡献。谷歌的愿景陈述明确了提供信息服务的目标，这对于谷歌的产品开发、技术创新和用户体验等方面提供了明确的方向和指导。

2. 用户导向的价值观

将用户置于核心位置是建立共享价值观的关键因素之一。这需要将用户置于核心位置，深入理解用户需求和期望，以及在决策和行动中以用户价值为导向。

用户导向的价值观将用户置于组织的核心位置，意味着组织的一切决策和行动都应该以满足用户需求和提供价值为出发点。谷歌的核心价值观陈述中的"一切以用户为本"表达了将用户放在首位的承诺。这种价值观能够促使团队成员始终关注用户的需求和期望，并以此为基础进行创新和改进。

为了实现用户导向的价值观，团队成员需要通过与用户互动、进行市场研究、收集用户反馈等方式，充分理解用户的需求和期望。谷歌作为一家信息服务提供商，通过分析用户的搜索行为和使用数据来了解用户的兴趣和需求，从而提供更好的搜索结果和个性化体验。组织应该鼓励团队成员与用户进行密切的合作和沟通，以确保他们真正理解用户的痛点和期望。

用户导向的价值观要求团队成员在决策和行动中始终以用户价值为导向。无论是产品开发、服务提供还是与用户的互动，团队成员都应该考虑如何地最大限度满足用户需求和提供价值。谷歌的核心价值观陈述中的"其他自然接踵而来"表明，当关注用户价值时，其他方面的成功和成果也会随之而来。这种用户导向的决策和行动能够增强团队的凝聚力，提高客户满意度，并为组织带来竞争优势。

用户导向的价值观还要求组织不断进行改进和创新，以满足不断变化的用户需求和提供更好的用户体验。谷歌通过不断推出新的产品和功能来适应用户需求的变化，同时也积极探索新的技术和领域。组织应该鼓励团队成员持续关注用户反馈和市场趋势，以促进持续改进和创新，并保持在竞争中的敏锐度。

建立团队共享与学习文化

华为公司培训的核心目标不仅仅是为员工提供特定技能培训，更重要的是培养他们自我学习的能力。华为公司强调，人力资本的增值优先于财务资本的增值，而人力资本的增值依赖于有组织的学习，而非简单的炒作。培训被视为提升人力资本的重要途径，华为经过多年的经验积累，建立了独特的培训体系。

任正非对于培训和学习有着深刻的见解："技术培训主要靠自己努力，

而非天天听别人讲课。实际上，每个岗位天天都在接受培训，培训无处不在、无时不有。成功者主要依靠自己努力学习，成为有效的学习者，而不是被动的被灌输者，要不断刻苦学习提高自己的水平。"

从打造团队共享文化来看，华为的培训理念强调人力资本的增值通过有组织的学习实现；从打造团队学习文化来看，任正非的观点强调个人刻苦学习的重要性，以及培养积极主动的学习者。下面就从这两个方面展开讨论。

1. 打造团队共享文化

打造团队共享文化，是指在组织中创建一种文化氛围，鼓励团队成员分享知识、经验和资源，以促进团队整体的增长和发展。在华为的培训理念中，人力资本的增值优先于财务资本的增值。为了实现这一目标，华为注重建立有组织的学习机制，通过培训和知识共享来促进团队共享文化的形成。

华为的培训体系为员工提供了广泛的学习机会，其培训范围不局限于特定技能的传授，还包括知识的分享、经验的交流和专业能力的提升。通过培训，员工能够相互学习和借鉴，将自己的知识和经验与团队共享，从而提升整个团队的综合能力。

华为鼓励员工参与团队合作，以促进共享文化的建立。华为常常鼓励团队成员分享自己的专业知识和见解，通过合作解决问题和面对挑战。这种共享文化促进了跨部门和跨团队的合作，推动了知识和经验的流动，促进了创新和协同工作。

华为还倡导开放的沟通方式，注重营造轻松的交流氛围。华为鼓励员工积极参与讨论、提出问题和分享意见。这种开放的沟通氛围有助于打破信息孤岛和组织壁垒，促进知识的共享和团队成员之间的互动，从而加强团队共享文化的建立。

2. 打造团队学习文化

打造团队学习文化，是指在组织中营造和培养一种积极主动、持续学习的氛围和价值观。根据华为创始人任正非的见解，个人的努力和刻苦学习是成功的关键。为了打造团队学习文化，华为强调每个员工都应成为"有效的学习者"，并通过培训和自我发展不断提高自己的能力。

华为鼓励员工主动参与培训和自我学习，而培训只是学习的起点。华为认识到学习的过程应该是持续的，并鼓励员工在工作中不断学习和提升自己的技能和知识。

任正非强调，学习者的态度和行为对于个人发展十分重要，成功者主要依靠自己刻苦学习，而不是被动地接受灌输。这意味着员工需要培养积极主动的学习态度，不断追求知识和技能的提升。华为鼓励员工主动参与学习过程，通过不断努力和自我反思来改进和发展。

华为注重知识的分享和传承，鼓励团队成员分享自己的学习经验和心得，以促进团队内部的学习和成长。这种知识的分享和传承有助于加强团队之间的互动和合作，促进整个团队的学习文化的形成。

华为的实践告诉我们，建立团队学习文化需要鼓励员工积极主动地学习，提供学习的机会和资源，并促进知识的分享和传承。通过强调个人的努力学习和自我发展，以及建立有组织的学习机制，培养团队学习文化，进一步提升人力资本的增值。这种学习文化有助于团队成员不断提高能力，适应快速变化的环境，并为组织的持续发展做出贡献。

建立危机中的合作多赢关系

某公司面对市场需求下降、供应链中断、客户压力增加等商业危机，管理团队经过深思熟虑，制定了以下策略，并与员工、客户和供应商共同努力，成功实现合作多赢，并在危机中保持了稳定和发展。

为了与员工建立合作多赢的关系，公司通过透明的沟通方式与员工进行频繁沟通，及时分享公司的运营情况、挑战和目标，鼓励员工提出问题、建议和创新思路；并注重培养员工的归属感和团队意识，通过定期的团队建设活动、培训和奖励机制，提高员工的参与度和士气。同时，为员工提供良好的福利和工作条件，关注员工的福利，提供必要的支持和帮助，增强员工的信任和忠诚度。

为了与客户建立合作多赢的关系，公司深入了解客户的需求，制定个性化的解决方案以满足客户的特殊需求，并通过定期与客户沟通和回顾的方式，了解客户的反馈和建议，及时做出调整和改进。同时，通过开展增值服务、优惠方案和客户关怀等活动，提升客户的满意度和忠诚度，建立长期合作伙伴关系。

为了与供应商建立合作多赢的关系，公司与供应商建立了长期合作伙伴关系，同时建立了信任和共同成长的合作模式。此外，还注重理解供应商的困难和需求，分享本公司的市场分析和信息给供应商，共同应对危机带来的挑战。公司还建立了透明和公正的采购和供应链管理体系，确保供应链的稳定和质量，共同降低成本并提高效率。

通过与员工、客户和供应商之间建立合作多赢关系，公司获得了以下成果：一是员工团结一致，积极面对挑战，提出了许多创新的想法和解决方案，帮助企业度过危机。二是客户对公司的信任和忠诚度得到增强，维持了稳定的业务合作关系，并推荐新客户加入。三是供应商与公司密切合作，共同应对危机带来的挑战，确保了供应链的稳定和优质产品的供应。

事实证明，建立危机口的合作多赢关系的关键在于共享价值、建立信任和持续的沟通。以下是一个简单的公式作为参考：合作多赢 = 共享价值 + 建立信任 + 持续沟通。下面就这个公式展开讨论。

1. 通过共享价值，实现共创共赢

共享价值是一个重要的战略目标，旨在与员工、客户和供应商共同创造共赢局面。实现共享价值需要建立稳固的合作关系，以确保各方都能从企业的发展中受益，并共同分享利益。

员工是企业最宝贵的资产，他们的才能和努力对于企业的成功至关重要。为了实现共享价值，企业需要与员工建立良好的沟通渠道，分享企业的发展目标和机会，并提供发展和晋升的机会，让员工感受到自己的工作对企业的重要性。通过激励计划、培训和奖励机制，激发员工的创造力和积极性，追求个人和企业的共赢。

客户是企业的生命线，他们的需求和满意度直接影响着企业的业绩和声誉。为了实现共享价值，企业需要深入了解客户的需求，与客户建立互信和透明的合作关系。通过持续沟通、定期反馈和定制化解决方案，企业可以满足客户的期望，提供高品质的产品和服务，与客户共同实现业务增长和成功。

供应商是企业供应链的重要环节，他们的质量、可靠性和合作态度直接影响着企业的生产效率和产品质量。为了实现共享价值，企业应与供应商建立长期的合作伙伴关系，以透明和公正的方式进行业务交流和合作。通过共享信息、共同解决问题和共同提升效率，企业和供应商可以共同降低成本、提高质量，并共享因业务增长带来的机会。

总之，共享价值的实现需要企业与员工、客户和供应商建立共同利益，通过有效的沟通和合作方式追求共赢。这种共享价值的理念将促进合作伙伴关系的稳固发展，提高企业的竞争力和可持续发展能力。

2.通过建立信任，实现长期合作

建立信任是成功合作的基石。它涉及透明、公正和诚信的合作方式，旨在建立长期的合作伙伴关系。

透明是建立信任的重要组成部分。在合作关系中，透明意味着分享信息、计划、决策以及业务操作的相关细节。通过提供准确、及时和全面的信息，各方能够更好地了解彼此的期望和需求，减少不确定性，并建立起相互依赖的关系和信心。

公正是建立信任的另一个关键要素。公正意味着以一定的标准和原则对待所有合作伙伴，不偏袒任何一方。公正的合作方式能够确保各方在决策、资源分配和利益分享方面都得到公平对待，能够为各方带来信心，增强合作的稳定性和可持续性。

诚信是建立信任的核心。诚信意味着遵守承诺、言行一致、诚实守信。建立诚信的合作关系需要各方履行承诺，遵守合同和协议，并在面对困难和挑战时坦诚相对。通过诚实和守信的行为，各方能够建立起互相依赖和信任的基础。

总之，建立信任是与他人建立稳定和合作关系的基础。建立信任是一个相互影响的循环过程。透明、公正和诚信的合作方式促进信任的建立，而信任的建立又进一步加强透明、公正和诚信的合作。透明、公正和诚信的合作方式为各方提供了一种可靠的基础，增加了彼此之间的理解、合作和共同发展的机会。

3.通过持续沟通，实现有效合作

持续沟通是企业与员二、客户和供应商之间实现有效合作的方式，包括定期会议、电子邮件、在线协作平台和社交媒体等多种沟通工具的使用。另外，要确保沟通是双向的，鼓励反馈和提问，倾听对方的观点和意见，共同解决问题，改进合作方式。

与员工的持续沟通。要定期向员工分享企业的目标、战略、重要决策和进展情况。透明地传达信息，使员工了解企业的发展方向和运营动态。要鼓励员工提出意见、建议和反馈。定期进行个别或团队会议，倾听员工的需求和关注点，解决问题并改进工作环境。与员工讨论个人职业发展目标，提供培训和发展机会，帮助员工提升技能和能力。

与客户的持续沟通。要定期与客户进行沟通，了解他们的需求、偏好和反馈。通过调查、客户会议和定期的客户反馈机制，获取客户对产品和服务的意见和建议。要根据客户的需求，提供定制化的解决方案，并与客户共同制订实施计划，及时沟通项目和问题解决的进展。要与客户分享企业的价值主张和创新成果。通过定期沟通和共享信息，建立互信关系，共同追求业绩增长和成功。

与供应商的持续沟通。要与供应商建立长期合作伙伴关系，共同解决问题、分享最佳实践、优化供应链流程。定期召开供应商会议，沟通需求、质量标准和交付时间。分享关键信息，例如订单变更、市场趋势和产品需求预测，帮助供应商做出准确的决策和调整。与供应商定期评估绩效，讨论改进和协作机会，制定共赢的目标。

总之，通过持续沟通，各方能够更好地理解彼此的需求、期望和挑战，减少误解和冲突，建立更加紧密和有效的合作关系。持续沟通也为各方提供了一个共同成长和进步的平台，以实现共赢和可持续发展。

培养解决问题和做决策的能力

韧性团队一般都具备在危机中解决问题和做决策的能力。阿波罗13号曾经历过航天员遭遇太空舱爆炸的危机，但通过团队合作、创造力和决策能力，他们成功地将航天员安全地带回地球。联合利华是一家经营跨国消费品的公司，在巴西的工厂发生了严重的环境事故，但公司通过快速响应、协调行动和较高的决策能力，有效地管理了危机，并最大限度地减少了对环境和利益相关者的负面影响。丰田汽车曾面临过加速器失灵的严重问题，导致了大规模的车辆召回，但公司通过迅速采取行动、有效沟通和决策能力，重新建立了公众对其品牌的信任。

这些例子共同展示了韧性团队在危机中的优秀表现。事实上，许多成功的实践经验也表明，注重培养团队合作能力和创造性思维，有助于培养团队在危机中解决问题和做决策的能力。

1. 培养团队合作能力

培养团队合作能力对于韧性团队建设至关重要。企业可以营造积极的合作氛围，培养团队合作能力，使企业能够更好地应对危机和解决问题。团队成员之间的互动和支持将为团队的成功和持续发展奠定基础。

企业可以定期开展团队建设活动，例如户外拓展训练、团队游戏或挑战，这些活动可以增强团队成员之间的信任、合作和沟通。通过共同面对挑战和解决问题，团队成员之间会建立更紧密的联系。同时，鼓励成员在协作项目中合作，共同完成任务或解决问题。这种协作可以促进成员之间的互动和合作，培养团队的协调能力和共同目标意识。

跨部门合作可以打破内部壁垒，促进不同团队之间的合作和协调。企业可以设立跨部门项目或工作组，让不同部门的成员共同参与，共享资源和知识，以实现更大的协同效应。为了促进团队合作，企业需要建立有效的沟通渠道，包括定期的团队会议、共享平台和即时通信工具，以便团队成员快速交流、共享信息和协商决策。

除此之外，企业应激励和奖励团队的合作行为，以营造积极的合作氛围。例如，可以设立团队奖励机制，鼓励团队成员分享知识、协助他人和共同取得成果。

2. 培养团队创造性思维

培养创造性思维是培养韧性团队解决问题和做决策的能力的重要方面。通过营造鼓励创新和创造性思维的环境，激发团队成员的创造力和创新潜力，将帮助团队在面对危机和问题时提供更多的创新解决方案，并保持持续的竞争优势。

企业应该激励和奖励创新行为，鼓励团队成员提出新的想法和解决方案，包括设立创新奖励机制、举办创意竞赛、提供创新项目的支持和资源等。同时，鼓励团队成员勇于尝试新的想法和方法，不怕失败或犯错误。这种鼓励可以通过创新文化的建立、开放的沟通氛围和支持性的领导风格来实现。提供专门的平台或机会，让团队成员分享和讨论创造性的解决方案。例如，定期举办创意工坊、创新研讨会或团队会议，让成员有机会展示他们的想法并接受反馈；提供培训和资源，帮助团队成员开发创造性思维技巧——包括创新方法论的培训、创意技巧的学习和创新工具的提供，以帮助他们更好地在工作中运用创造性思维。

除此之外，多元化和跨学科团队是打造韧性团队的一项关键策略，它可以促进不同思维方式和观点的碰撞，激发创造性思维的火花。基于团队成员来自不同背景和专业领域的实际，组织可以创造一个充满多样性和创新的环境，其中各种不同的经验和思维可以相互交流和启发。由于团队成员来自不同的背景和专业领域，他们会带来各自独特的视角、经验和知识。这种多样性可以打破传统思维模式，推动创新和创造性思维的发展。团队成员之间的碰撞和互动，可以促使他们思考问题的不同方面，从而产生新的创意和解决方案。例如，一个由工程师、设计师和市场专家组成的团队，每个人都具有不同的专业知识和技能。他们在项目的合作和交流中，可以将各自的专业视角结合起来，从而产生独特而创新的解决方案。工程师可以提供技术可行性的观点，设计师可以提供美观度和用户体验的观点，而市场专家可以提供市场需求和竞争环境的观点。这些不同的观点和思维方式相互交融，激发了创造性思维的火花。与来自不同背景和专业领域的人合作，也有助于团队成员扩展他们的知识和技能，并从其他人的经验中获益。这种相互学习和交流的环境可以激发团队成员的创造力，并帮助他们在解决问题和制定决策时更加全面和综合地考虑各种因素。

建立弹性和多样化的团队结构

弹性团队结构和多样化团队结构对于打造危机中的韧性团队非常重要，因为它们能够分散风险、优化配置资源，促进创新、提高问题解决能力，提供跨文化和跨功能的能力，也有助于形成团队的韧性和凝聚力，从而帮助企业更好地应对危机和变化，并保持竞争优势。

1. 弹性团队结构：稳定性、连接性和敏捷性

某科技公司正在开发一款新的移动应用程序。为了快速推出产品，他们采用了弹性团队结构，以确保团队成员的技能可以灵活调配。弹性团队由以下几个角色组成：项目经理负责整个项目的协调和管理，确保项目按时完成；开发人员包括前端和后端开发人员，负责应用程序的设计和编码；测试人员负责测试应用程序的功能和稳定性；设计师负责应用程序的用户界面和用户体验设计；市场营销人员负责制定市场推广策略和推广产品。

在弹性团队结构中，这些角色不是固定的，而是根据项目的需要进行灵活调整。例如，当项目处于设计阶段时，设计师加入团队，负责应用程序的界面设计。当项目进入开发阶段时，开发人员加入团队，进行编码工作。当项目接近完成时，测试人员加入团队，进行功能和稳定性测试。市场营销人员在产品发布之前，进行市场调研和宣传工作。

弹性团队在面对危机、压力等负性情景时，能够充分发挥其抵御能

力、恢复能力、再组织能力和更新能力。要建立有弹性的团队，领导者需要在稳定性、连接性和敏捷性方面下功夫。

稳定性是弹性团队的基本要素。团队成员需要清楚自己的身份、职责以及行动的动机。在建立稳定性方面，沟通起着关键的作用。领导者必须清楚传达团队的意义和目的，将语言和方法作为关键驱动力。此外，提供稳定性还意味着领导者必须揭示他们决策的内部运作，明确团队的共同目标如何影响和指导他们的行动。领导者应该通过鼓励、支持和指导来评估团队的决策，在团队成员之间培养信心和开放性。通过持续的参与和信任建立，可以增强团队的稳定性。

连接性指的是共享信息。一支有弹性的团队必须共享信息，并且要有系统和流程来应对信息过载，识别什么是真正重要的，什么是不重要的。此外，建立在相关背景下提供信息和资源的规范，将它们转化为有用的、可操作的知识也是必要的。信息传达的频率与其相关性同样重要。一支有弹性的团队会监控其信息"脉搏"，并定期对其进行微调以匹配环境。

敏捷性注重遵守简单规则。简单的规则是对抗可能压倒个人和团队的复杂性的有力武器。一支有弹性的团队经常使用边界规则和优先级规则。边界规则根据预先确定的标准限制一个人拥有的选项的数量。优先规则明确了在时间或资源限制下采取行动的重要性。这些规则有助于团队协调和迅速做出决策。

在危机四伏和充满不确定性的时代，坚韧的文化非常具有吸引力。熟练的人才被吸引加入高绩效团队，这些团队以信任和透明的方式开展有意义的工作和运作。领导者要通过建立和促进团队稳定性、连接性和敏捷性来培养韧性。稳定性要求领导者传达团队的意义和目的，并与团队成员保持一致；连接性需要团队成员共享信息和资源，并建立有效的沟通渠道；敏捷性则依赖简单规则来应对复杂性和快速做出决策。通过关注这些关键要素，领导者可以建立一支弹性团队，使其能够在逆境和冲突中脱颖而出。这样的团队将能够适应不断变化的环境，保持高绩效，并为未来的挑战做好准备。

2. 多样化团队结构：权力梯度、思维、信息流

某汽车制造跨国公司决定开发一款电动汽车。为了确保产品的成功，公司组建了一支多样化团队，包括产品经理、工程师、市场营销专家、用户体验设计师、可持续性专家、地区文化顾问等成员。这个多样化团队的成员具有不同的专业知识和经验，能够从各个角度考虑产品开发和市场推广的要求。工程师负责技术方面的开发，市场营销专家关注市场需求和推广策略，用户体验设计师确保产品易用性，可持续性专家关注环保因素，而地区文化顾问则提供跨文化的洞察力。这样的团队基本能够满足不同地区和文化的消费者需求。

在不确定、复杂、多变和模糊的 VUCA 时代，拥有一支真正的多样化团队，可以解决复杂问题，迅速发现机会，保持自我成长，并始终处于变化的前沿。多样化团队能够依靠不同背景和观点做出长远的判断和决策，避免陷入"集体失明"的状态。通过充分利用团队成员的多样性，组织可以更好地应对不断变化的环境，并保持竞争优势。

那么，怎样拥有一支真正的多样化团队？关键是把握以下几点：合理加强多样性，保持适当的权力梯度，多角度思考并提供方案，以及引导组织内部信息流动。

多样化团队应由具有不同背景、经验、技能和观点的成员组成，包括不同文化、性别、种族、年龄、取向和能力背景的人才。通过多样化招聘和选拔程序，吸引具有不同特长的人才加入团队。要格外注重危机期间需要的关键角色和技能，以确保团队结构的多样性和完整性。

在多样化团队中，每个成员都应有发言权和参与决策的机会。领导者应营造一种平等和开放的氛围，鼓励成员发表不同的意见和观点。同时，领导者也要确保适当的权力梯度存在，以便有效地做出决策并保持团队的协调性。尤其是在危机发生时，可以建立多层级和分权的团队结构。在这种结构下，权力和决策分散到各个层级和团队成员，各团队成员都有更大的责任和自主权。这种多层级和分权的优势在于能够快速响应变化和解决问题，减少冗长的决策层级，也能够激发团队成员的主动性和创造性，提高团队的反应速度和适应能力。

多样化团队中的成员背景不同，拥有不同的经验和观点。这种多样性可以促进创新和创造力，可以从不同的角度思考问题，提供新颖的解决方案。同时，可以通过与外部专家合作、开展跨部门合作、鼓励成员参与外部学习和培训来实现。

信息的流动对于多样化团队的有效运作至关重要。领导者应该创建一个开放的沟通环境，鼓励团队成员分享信息、经验和观点。善于使用各种沟通渠道，如面对面会议、在线协作工具和团队建设活动，促进信息的共享和交流，确保团队成员之间的相互了解和合作。

第八章
建立危机中的组织韧性

　　建立危机中的组织韧性的关键在于，通过构建敏捷型组织以灵活应对挑战，增强组织适应变化的能力，优化供应链管理并提升数字化能力，使企业能够更好地应对变化、掌握机遇并保持竞争优势。本章讨论的议题旨在强调，组织韧性必须建立在灵活、适应性和数字化能力的基础上，才能应对不断变化的商业环境和各种挑战。

组织韧性的概念与优势

亚马逊是全球最大的电子商务和云计算公司之一，其以韧性和适应性而闻名。亚马逊通过多元化业务、技术驱动创新、持续的客户导向、灵活的组织结构以及领导力和文化的培育，快速适应市场变化，提供卓越的客户体验，并保持竞争优势。亚马逊的成功案例展示了组织韧性的重要特征与优势。

韧性，对于个人和组织来说都至关重要。这是一种在困境中适应、恢复和反弹的能力，是在遭受挫折和打击后迅速调整、重新振作的必要品质。在 VUCA 时代，企业面临的中度和重度逆境事件日益增多。在这种背景下，企业对韧性的要求，不仅需要恢复、反弹，更需要在此基础上不断反超前进，以应对大环境的复杂而快速变化。组织韧性不仅可以帮助企业在危机中生存，更可以塑造企业的创新能力，从而在危机中找到新的机会，实现持续发展。因此，建立和维护韧性，是每个组织应当关注和投入的重要工作。

1. 组织韧性的概念

根据《组织韧性：如何穿越危机持续增长？》一书的定义，组织韧性指的是企业在危机中通过重构组织资源、流程和关系，从危机中快速复原，并利用危机实现逆势增长的能力。这种能力主要体现在以下一些具体方面。

（1）预测与准备。预测与准备是组织韧性的核心要素之一，因此企业要具备预测未来可能发生的变化和突发破坏性干扰的能力，并提前做好准备。企业应制订详细的危机应对计划，包括灾难恢复计划、危机通信计划、供应链备份计划等，以确保在危机中能够迅速采取行动；建立扁平化的管理结构、跨部门的协作机制、快速决策的流程等，以提高组织的应变能力；提前储备人力、物资库存、财务储备等必要的资源，以便在危机发生时能够快速做出响应。

（2）危机应对。危机应对要求企业能够及时、有效地应对危机。在危机发生过程中，企业需要建立有效的决策机制，确保决策能够快速传达和执行，以应对危机带来的挑战；能够迅速调整资源配置，将资源重新分配到最需要的地方，以确保关键业务的持续运营；及时了解和理解市场变化，并灵活调整产品、服务和营销策略，以满足新的市场需求；积极与员工、客户、供应商、投资者等各方进行沟通，及时传递信息、解释情况，并获取支持和反馈。

（3）快速复原。快速复原是指企业在危机过后能够快速恢复正常运营，以最少的停工时间和损失重新建立业务。如果企业的生产设施受到破坏或中断，应进行紧急维修、调动资源以加快修复进程，或者在必要时寻找替代设施等，快速修复设施并恢复生产能力；危机可能导致供应链中断或受损，从而影响到企业生产所需的物资和原材料供应，因此企业应该与供应商紧密合作，寻找替代方案或建立备用供应链，以确保生产物资和原材料的持续供应；危机可能对企业的声誉和客户信任造成负面影响，因此企业需要积极采取措施，通过改善产品或服务质量、提供额外的价值和福利、加强与客户的沟通和互动等方式，重新建立客户信任和争取市场份额。

（4）逆势增长。尽管企业面临挑战，但可以通过以下方式利用危机带来的机遇实现逆势增长：危机可能改变市场需求和消费者行为，企业可以借此机会开发和推出创新的产品或服务，以满足新的需求。例如，针对远程办公趋势的增长，企业可以开发适应远程工作的协作工具或解决方案。危机可能导致市场格局的变化，某些市场可能出现新的机会，企业可以通过调整战略、扩大市场份额或进入新的地理区域来开拓新市场，包括寻找新的客户群体、扩大产品线或进军国际市场等。危机可能迫使企业重新评估其商业模式，并寻找新的商机。企业可以通过数字化转型、采用订阅模式、建立合作伙伴关系等方式来创造新的商业模式，以适应变化的市场需求。

（5）适应变化。面对不断变化的环境和市场条件，企业需要具备适应能力，以保持竞争优势和持续发展。企业应该灵活调整战略，包括定期评估战略目标和计划，及时调整策略方向和重点，以确保企业能够适应新的情况和机遇；鼓励员工不断学习新知识和技能，并将学习文化融入到组织的价值观中，以帮助企业适应新的市场趋势和技术发展，并为员工提供成长和发展的机会；密切关注市场趋势和变化，包括监测竞争对手的动态、分析消费者行为和需求的变化、关注相关行业的发展趋势，并及时做出调整以更好地把握机会，避免被市场变化所淘汰。

2. 组织韧性的优势

一个具有韧性的组织具有鲜明的特征和优势。组织韧性能够用非正式组织结构打破部门墙，以应对阶段性突发问题；能够以透明的信息沟通渠道经营信任，让"小道消息"无处遁形；能够把通用素质能力当作"硬通货"，以保持公司人才的竞争力，从而保证组织韧性；能够以外部适应性牵引文化塑造；能够打造把弯路走好的高管团队。具体内容如下。

（1）打破部门墙。组织韧性能够建立灵活的非正式组织结构，打破传统的部门界限。这种非正式组织可以快速形成跨部门的合作和协同工作，以应对突发问题。它使得组织内的信息流动更加顺畅，促进知识共享和创新。通过跨部门的协作，组织韧性能够更快地响应变化，减少决策和执行的时间成本，并提高问题解决的效率。

（2）透明信息沟通。组织韧性注重建立透明的信息沟通渠道，使员工能够及时了解组织的动态和决策过程。透明的信息沟通渠道有助于建立信任关系，减少负面传言和"小道消息"的传播。当员工知道组织的信息是真实、准确、及时的时，他们更容易对组织保持忠诚和合作。透明的信息沟通渠道还能够帮助员工更好地理解组织的运营战略和目标，能够在面对变化和挑战时与组织保持一致。

（3）通用素质能力。组织韧性明白通用素质能力的重要性，并将其视为公司人才的核心竞争力。通用素质能力包括沟通能力、问题解决能力、创新能力、团队合作能力等。这些能力不仅帮助员工适应工作变化和新的挑战，还使得组织能够更好地应对未来的不确定性。通过培养和发展员工的通用素质能力，保持员工的竞争力和适应性，从而增强整个组织的韧性。

（4）外部适应性文化。组织韧性意识到外部环境的不断变化和影响，并将其作为企业文化塑造的重要指引。它们放弃过度以领导或自我为中心的文化，而是倾向于建立外部适应性的文化。这种文化鼓励组织成员对外部环境的敏感性和学习能力，以便及时调整战略和行动。通过外部适应性的文化塑造，组织韧性能够更好地适应变化，积极应对市场需求的波动和竞争压力。

（5）经验丰富的高管团队。组织韧性重视高管团队的能力和经验，尤其是在面对挑战和困难时。这些高管团队经历过挫折和失败，能从中吸取教训，并具备应对变化和不确定性的能力。他们能够在关键时刻做出迅速而明智的决策，并带领组织度过困境。高管团队的经验和韧性为组织提供了稳定的领导力和方向，帮助组织应对各种挑战。

组织韧性三阶段：共识、共事、共情

组织韧性并非员工个体韧性的简单叠加，而是个体通过组织的深层连接而整合的能力。为了探索组织韧性的构建，一些学者提出了"共识、共事、共情"三阶段框架，而每个阶段都对应着不同的需求。

共识阶段，涉及人与人、团队与团队、职级与职能团队之间的沟通机制。以小米为例，作为一家智能制造企业，小米拥有小米社区、MIUI论坛等平台，缩减了沟通成本，优化了管理效率，并营造出人性化的共识氛围。共事阶段，指的是通过业务模式、流程、机制和方法来达成目标的激励机制。小米坚持同工同酬、推行股权激励等，建立了良好的激励机制，通过沟通和培训等手段激发员工的工作动力，从而实现共事的目标。共情阶段，强调员工和企业在价值观层面的一致性和信任机制。小米一直坚持要让每个人都能享受科技的乐趣，坚持做性价比产品，这种价值观的共情使得员工和用户能够真正支持小米的发展。

共识、共事和共情是构建组织韧性的三个关键要素。因此，企业应关注沟通机制的建立、激励机制的优化以及信任机制的建立，以提高组织韧性并应对不断变化的环境。下面就此展开讨论一番。

1. 共识阶段：建立沟通机制

在构建组织韧性的过程中，建立有效的沟通机制是实现共识的关键。首先，它能够减少信息的滞后和失真，确保及时传递关键信息，使团队成员能够在同一时间了解最新情况，做出准确的决策。其次，它可以促进团队之间的协作，打破信息孤岛，促进跨部门的知识共享和合作创新。最后，有效的沟通机制还可以增强员工的参与感和归属感，激发他们的积极性和创造力，提高工作效率和绩效。

为建立有效的沟通机制，企业需要通过多元化的沟通渠道、开放的沟通氛围、跨部门沟通与办作以及沟通技巧培训，促进信息的流动和理解，增强团队协作能力，提高组织的韧性和应对变化的能力。

为了加强团队之间的沟通和协作，企业可以组织定期的跨部门会议、项目组，促进不同部门之间的交流和共享经验。此外，跨部门的任务分配和项目合作也有利于更好的沟通和协作。提供沟通技巧培训可以帮助员工提高有效沟通的能力，包括倾听技巧、表达清晰和准确的信息、解决冲突和处理问题等。这类培训可以提升员工的沟通效果，减少误解和摩擦，提高团队的协作水平。企业应营造开放和透明的沟通氛围，让员工安全和自由地表达意见和想法。领导者应提供积极的反馈和支持，倾听员工的声音，并及时解决问题和困扰，以建立信任和共识。

　　为了满足团队成员的不同需求，企业可以提供多样化的沟通渠道，如面对面会议、电子邮件、即时消息工具、内部社交平台等。这样可以确保信息的快速传递和多样化的交流方式，也能够促进不同层级和部门之间的交流和协作。

　　2. 共事阶段：优化激励机制

　　在构建组织韧性的过程中，优化激励机制是实现共事的关键。良好的激励机制可以帮助企业留住优秀人才，并激发他们的积极性和创造力，提高他们的绩效和产出。

　　为优化激励机制，企业需要通过同工同酬、绩效评估与奖励、发展与晋升机会、股权激励计划、平衡个人与团队激励等措施，激发员工的工作动力，提高他们的工作满意度和投入度，从而增强组织的韧性和应对变化的能力。

　　公平的薪酬体系可以激励员工充分发挥自己的能力，增强他们的工作动力。因此企业应遵循同工同酬原则，确保员工的报酬与其工作贡献和绩效相匹配。

　　为了激励员工追求卓越，增强他们的工作动力和责任感，企业需要建立有效的绩效评估机制，根据员工的表现和贡献进行评估，并提供相应的奖励和认可。此外，企业要为员工提供持续学习和发展的机会，建立健全的晋升通道。员工可以通过不断学习和成长来实现自我价值，并在职业发展中获得更多的机会。企业还可以通过定期的沟通和反馈，提供明确的工作目标和期望，提供有挑战性的项目和任务，激发员工的工作动力和创造力。

　　为了增强员工的归属感和责任感，激发他们的创新和创造力，企业有必要引入股权激励计划，让员工分享企业的成长和成功。同时，为了促进团队的凝聚力和合作力，企业应建立健全平衡的激励机制，综合考虑个人和团队的激励，既要鼓励个体的优异表现，也要强调团队合作。

3. 共情阶段：建立信任机制

在构建组织韧性的过程中，建立有效的信任机制是实现共情的关键。一个充满信任的工作环境可以提高员工的忠诚度和承诺感，增强他们对企业的归属感和责任感，促进员工之间的合作和团队精神，提高组织的协同效能和创新力。

为建立有效的信任机制，企业应该注重清晰的价值观和企业文化、公平和透明的决策过程、领导者的榜样作用、良好的团队关系、透明的沟通渠道和反馈、培养共情意识，以建立起员工与企业之间的信任基础，增强组织的韧性和应对变化的能力。

价值观的一致性可以促进员工和企业之间的共情，建立起共同的信任基础。因此，企业需要明确企业的核心价值观和文化，确保员工对其有深入的理解和认同。

为了增加员工对企业决策的信任，减少猜测和怀疑，企业要确保决策过程的公平和透明，让员工能够理解决策的依据和原因。领导者应该成为信任的榜样，以身作则地展示诚信、责任和透明。他们应建立良好的沟通渠道，倾听员工的声音，解决问题和困扰，并与员工建立互信关系。

为了促进团队协作，建立良好的团队关系，企业可以通过团队建设活动、合作项目和互相支持来加强团队之间的信任和凝聚力。为了促进员工之间的互助和支持，增强组织内部的凝聚力和团队精神，企业应鼓励员工关注和理解彼此的需求和感受，培养共情意识。此外，企业应对员工的贡献和成果给予公正的认可和积极的回应，让员工感受到企业对他们的重视和关心。

构建敏捷型组织，灵活应对挑战

亚马逊 CEO 贝佐斯认为，如果两个比萨不足以喂饱一个项目团队，那么这个团队可能就太大了。因为人数过多的项目会议将不利于决策的形成，而让一个小团队在一起做项目、开会讨论，则更有利于达成共识，并能够有效促进企业内部的创新。就是著名的"两个比萨原则"。这种小团队形式的敏捷型组织结构，促进了亚马逊的快速决策和创新能力的提升，使得亚马逊能够迅速推出新产品和服务。

敏捷型组织强调灵活性、适应性和快速响应，实践中以迅速调整策略、持续创新和团队协作为基础。在充满不确定性和变动性的商业环境中，构建敏捷型组织至关重要。它能适应市场变化，抓住机遇，培养创新文化，并提高竞争力和业绩。

1. 敏捷型组织及其特征与优势

敏捷型组织是一种以快速响应和适应能力为核心的组织模式。它打破了传统的层级结构和刚性流程，强调通过小规模的迭代开发和持续反馈来推动创新，并在实践中不断优化产品和服务。敏捷型组织具有高度的灵活性，能够迅速调整战略目标，应对不断变化的市场环境。它鼓励跨职能团队的协作，据有不同专业背景的员工可以共同分享经验及知识，提高工作效率。此外，敏捷型组织赋予团队更多的自主权与决策权，员工能发挥自己的创造力与创新精神，从而实现更好的业务成果。

整体来看，敏捷型组织的核心特征包括灵活性强、鼓励跨职能团队合作、权力下放自组织。它通过小批量地迭代开发与持续改进，能够快速应对变化，为企业提供更快速、更高效的产品迭代能力，从而实现企业的可持续发展。

敏捷型组织拥有明显的优势。首先，它能有效促进创新。敏捷型组织鼓励员工的主观意识和自由度，采用迭代式开发和持续反馈的方式，使团队在不断的试错中改进产品，有利于激发员工的创造力。其次，敏捷型组织能提升员工的参与度和满意度。它注重培养团队合作精神，通过小组协作来完成任务，加强了员工间的交流和互动。同时，也重视员工的个人发展，提供恰当的培训项目让员工感觉受重视。另外，敏捷型组织能够加快决策速度和执行效率。它利用扁平化的管理结构减少决策层级，实现信息顺畅流通。同时，采取透明的沟通方式减少了决策延迟，有利于更快捷地执行行动计划。

2. 构建敏捷型组织的关键要素

构建敏捷型组织的关键要素包括领导者的角色转变、适应性文化的塑造和培育、灵活的组织结构和流程设计，以及技术工具和数字化支持的应用。这些要素相互关联，共同促进组织的敏捷性、创新性和适应能力，使组织在不断变化的环境中保持竞争优势。下面将对这些要素进行更详细的阐述。

在敏捷型组织中，领导者的角色发生了转变。他们不再是传统的指挥者，而是更多地扮演着教练和赋能者的角色。领导者需要具备倾听和沟通的技能，鼓励团队成员提出新想法和解决方案；营造积极的工作氛围，鼓励员工的自主性和创造力，并支持他们在追求卓越和创新的过程中做出决策。领导者还应该提供必要的指导和支持，帮助团队克服挑战并实现目标。

适应性文化是构建敏捷型组织的重要基础。为了塑造适应性文化，组织需要倡导开放的沟通环境和知识共享，促进团队间的协作。适应性文化还强调承担风险和容错的态度。组织应该鼓励员工尝试新想法，并接受可能的失败和挫折。同时，要建立信任和支持的氛围，使员工愿意冒险和创新，而不用担心受到惩罚或责备。领导者在塑造和培育适应性文化方面起着关键的作用，应该示范和引领这种文化的价值观和行为。

传统的层级结构和刚性流程限制了组织的灵活性和适应能力。为了构建敏捷型组织，组织需要重新审视和设计其组织结构和流程。灵活的组织结构通常采用扁平化的形式，可以有效减少层级和决策链条，促进快速的信息流动和决策过程。这种结构可以帮助团队更加迅速地做出决策和应对变化。灵活的流程设计强调迭代式和增量式的方法，以便快速试错和反馈。它强调持续学习和改进，通过小规模的实验和迭代来推动创新和产品优化。灵活的组织结构和流程设计可以提高组织的敏捷性和适应能力，使其能够更快地响应市场需求和变化。

在构建敏捷型组织的过程中，技术工具和数字化支持发挥着重要的作用。这些工具和支持系统可以提供协同工作、信息共享和项目管理的功能，促进团队的沟通和协作。例如，团队可以利用项目管理工具来跟踪任务和进度，确保团队成员之间的协作。协作工具如在线协作平台、即时通信工具和共享文档系统，可以帮助团队成员进行实时交流和合作。数字化支持还包括数据分析和决策支持工具，可以帮助组织获取有价值的见解和趋势，指导决策和战略的制定。技术工具和数字化支持的应用，可以提高团队的效率和协作能力，促进快速决策和创新。

增强组织适应变化的能力

有一家传统的制造业公司，一直在使用传统的生产工艺生产相同的产品。然而，随着市场需求的变化，他们意识到需要转型和创新。为了增强组织适应变化的能力，公司为员工提供培训和学习机会，帮助他们掌握新技术和工艺。这样，员工就能够适应新的生产流程和方法。为了让员工能够积极参与到变革中，公司还鼓励员工提出新的创意和想法，并设立奖励机制以激励创新。为了利用外部资源和知识，加快创新和适应变化的步伐，公司与技术专家、研究机构、其他行业合作伙伴建立合作关系，共同研发新产品和新技术。该公司还对原来的组织结构进行了重新评估，简化决策层级，提高反应速度和灵活性，使企业可以更迅速地调整战略和资源分配，适应市场需求的变化。

通过以上措施，这家传统制造业公司增强了适应变化的能力，成功转型并适应了市场变化。这个例子展示了企业如何通过不断的学习和创新来应对变化，保持竞争力。

事实上，企业增强适应变化能力的实际例子还有很多。这些成功的实践告诉我们，建立学习型组织、鼓励创新和实验、与外部环境保持联系、提高危机管理能力以及建立强大的团队文化等都是一些切实可行的措施。当然，现实中的每个企业都有其独特的情况和需求，所以可以根据实际情况进行调整和定制。重要的是要保持学习和改进的心态，以适应不断变化的市场环境。

1. 建立学习型组织

建立学习型组织需要提供多样化的学习机会，设立奖励机制，鼓励员工制订个人学习计划，并通过领导榜样和有趣的学习活动来激发员工的学习兴趣。

企业需要提供各种培训和学习机会，可以是内部培训课程，由内部专家或经验丰富的员工来分享知识和技能，以激发员工的学习兴趣；也可邀请外部专家来办讲座，让员工接触到不同的观点和思维方式；还应该利用在线学习平台，提供丰富多样的课程供员工选择。通过多样化的学习形式，员工可以选择适合自己的，提升专业能力。

设立奖励机制也是激发员工学习动力的重要手段。企业要设立学习奖励机制，通过给予员工一些奖励或认可，来鼓励他们积极参与学习活动。可以是一些实质性的奖励，比如提供额外的福利或晋升机会等；也可以是一些非物质的奖励，比如公开表彰或表扬等。通过这样的奖励机制，员工会感到他们的学习成果得到了认可，从而更加积极主动地参与学习。

持续学习对于员工来说非常重要，因为市场需求在不断变化，所以企业应鼓励员工制订个人学习计划，并提供相应的支持，可以为员工提供学习时间，或者提供资金或资源来支持他们的学习。同时，企业也可以设立学习交流平台，让员工分享他们的学习成果和经验。这样，员工可以相互学习和启发，促进整个组织的学习氛围的提升。

在建立学习型组织的过程中，企业领导层起着至关重要的作用。他们应该树立榜样，积极参与学习，并将其视为组织成功的关键因素之一。同时，领导层还应该鼓励员工提出新的想法和解决方案，并为他们提供实施创新的机会。这样，员工会感到他们的贡献得到了认可，从而更加愿意学习和展示自己的能力。

2. 鼓励创新和实验

创新是推动企业发展的关键因素之一，而实验则是创新的重要组成部分。首先，设立创新奖励机制是一个很好的鼓励员工创新的方式，通过给予员工一些奖励或认可，来表彰他们的创新成果。通过这样的奖励机制，员工会感到他们的创新得到了认可，从而更加积极地提出新的想法和解决方案。

其次，给予员工实验的机会也是非常重要的。企业可以设立创新实验室或创新团队，专门负责创新和实验，由对创新充满激情的员工组成，他们可以尝试新的方法和策略，寻找更好的解决方案。通过给予员工实验的机会，他们可以在实践中学习，从失败中吸取经验教训，并不断改进和创新。

再次，企业应该鼓励员工提出新的想法和解决方案，并提供相应的支持和资源。这可以通过定期举行创新会议来实现，让员工有机会分享他们的创意和见解。同时，企业也可以设立创新基金，为员工的创新项目提供资金支持。通过这样的方式，员工会感到他们的创新得到了重视和支持，从而更加积极地投入到创新的过程中。

3. 与外部环境保持联系

与外部环境保持联系对企业来说非常重要，了解外部环境也是保持企业活力和竞争力的关键。让我们一起探讨企业应如何与外部环境保持联系，以了解和应对市场趋势和变化。

在与外部环境保持联系的过程中，参加行业会议和展览是一个很好的方式。这些会议和展览通常汇聚了来自各个行业的专家和从业者，他们分享最新的趋势、技术和见解。通过参加这些活动，企业可以与行业专家进行面对面的交流，了解市场上最新的动态和变化。同时，还可以与其他企业建立联系，寻找合作和共同发展的机会。

与合作伙伴和客户保持密切的联系也非常重要。合作伙伴可以是供应商、分销商、技术合作伙伴等，他们与企业有着密切的合作关系。通过与合作伙伴保持良好的沟通和合作，企业可以了解他们的需求和期望，共同制定合适的战略和解决方案。与客户保持联系同样重要，可以通过定期的会议、问卷调查或客户访谈的方式来了解他们的反馈和需求。这样，企业就可以根据市场的变化和客户的需求进行调整，提供更好的产品和服务。

此外，企业可以与其他组织或机构合作，共同开展研究项目、创新活动或其他项目。通过这样的合作，企业可以从其他组织和机构中获取新的观点和经验，拓宽自己的视野。同时，也可以提高企业在社会中的影响力和声誉。

4. 提高危机管理能力

为了提前预测和识别潜在的市场和行业风险，企业需要进行市场调研和竞争分析，以了解市场的趋势和变化，识别潜在的风险因素。比如，可以观察竞争对手的动向，了解他们的策略和行动，从而预测市场可能出现的问题和挑战等。通过及时的市场调研和竞争分析，企业可以制定相应的风险管理策略，减少不确定性对业务的影响。

建立危机管理团队，制订灵活的应对策略和计划，可以帮助企业更好地应对外部变化。危机管理团队可以由不同部门的员工组成，他们有不同的专业知识和技能，负责监测和预警潜在的风险。这个团队需要具备灵活性和创新性，能够在面对危机时迅速做出反应。通过建立危机管理团队，企业可以更好地应对外部变化，减少损失并保护企业的利益。

此外，定期进行模拟演练和风险评估也是提高组织危机管理能力的重要手段。模拟演练可以帮助企业了解和熟悉危机管理流程，让团队成员在实践中学习和提高反应能力。风险评估能够帮助企业识别和分析潜在的风险，制定相应的应对措施。通过定期进行模拟演练和风险评估，企业可以提前预测和识别潜在的风险，减少危机发生的可能性，从而提高危机管理能力。

优化供应链管理，建立弹性供应链网络

有一家电子产品制造公司，在全球范围内采购零部件，并将其组装成最终产品。为了优化供应链管理，该公司与不同地区的供应商签订了长期合同，以确保零部件的稳定供应。这样，即使某个供应商遇到问题或出现延迟，他们也可以快速转向其他供应商，避免生产中断。该公司还实施了实时数据分析和预测。通过使用先进的供应链管理系统，监测和分析供应链中的数据，包括库存水平、交付时间、运输成本等。先进的技术手段可以帮助公司预测需求变化并做出相应的调整，以避免出现生产过剩或短缺。他们还建立了位于各地的多个物流中心和分销中心，确保产品能够及时分发到全球各地。这种分布式的供应链网络可以提高产品的快速交付能力，并减少运输成本。

这个实例非常好地展示了优化供应链管理和建立弹性供应链网络的重要性，还说明了灵活性和适应性的重要性。在面对外部变化和不确定性时，这家公司能够快速做出调整，并保持供应链的正常运转。这种优化的供应链管理和弹性供应链网络可以帮助企业提高客户满意度、降低成本并保持竞争力。

事实说明，优化供应链管理和建立弹性供应链网络对于建立危机中的组织韧性来说，是非常重要的举措。下面就探讨一下如何优化供应链管理及如何建立弹性供应链网络。

1. 供应链管理优化的方法

优化供应链管理的关键在于提高运作效率和降低成本，同时确保产品的准时交付和客户满意度。以下是几种优化供应链管理的方法。

（1）建立合作伙伴关系。与供应商和物流服务提供商建立密切的合作关系是优化供应链管理的关键。与供应商建立长期合作关系，可以确保稳定的供应，并获得更好的交货和定价条件。与物流服务提供商合作，可以提高物流效率和准时交付的可靠性。

（2）信息共享和协同合作。供应链中各个环节之间的信息共享和协同合作可以提高整个供应链的可预见性和协调性。通过使用先进的供应链管理系统，可以实时追踪和共享信息，减少信息滞后和误解。同时，建立有效的沟通渠道和协调机制，可以提高供应链中各方的合作效率。

（3）库存管理和需求预测。有效的库存管理和准确的需求预测可以避免出现库存过剩或短缺的问题。通过优化库存水平和使用先进的需求预测技术，可以减少库存成本，并确保及时满足客户需求。

（4）运输和物流优化。优化运输和物流是提高供应链管理效率的重要方面，包括选择最佳的运输方式和路线，合理安排货物的运输和仓储，以及使用物流技术和工具来提高物流效率和可视性。

2.建立弹性供应链网络的策略

建立弹性供应链网络是为了能够迅速适应外部变化，并减少潜在风险的影响。以下是建立弹性供应链网络的一些策略。

（1）多元化的供应商和供应源。与多个供应商建立合作关系，并考虑从不同地区或国家采购零部件和原材料。这样，即使某个供应商遇到问题，仍然可以依靠其他供应商继续生产，减少供应中断的风险。

（2）多地区分布和备份库存。建立多个物流中心和分销中心，分布在不同地区或国家，这样可以减少运输时间，提高产品的快速交付能力。此外，在不同地区建立备份库存，可以应对突发事件或供应中断。

（3）实时数据分析和预测。利用先进的数据分析和预测技术，监测供应链中的数据并预测潜在的风险。通过及时获取和分析数据，可以迅速做出决策和调整，以适应市场需求和变化。

（4）灵活的合同和协议。与供应商和物流服务提供商签订灵活的合同和协议，包括灵活的交货时间和数量条款，这样可以在需求变化或紧急情况下灵活调整供应和交货计划。

提升组织的数字化能力和业务的灵活性

有一家零售公司，在经营过程中虽然采用了互联网等一些现代技术，但效果常常不尽如人意，有时甚至有投诉事件发生，造成客情关系紧张。公司老板越来越清楚地意识到，只有提升数字化能力和业务灵活性，充分利用数字化技术来提高效率和满足顾客需求，公司才能在快速变化的市场环境中迅速适应变化。为此，老板决定采取以下措施：首先，公司投资建立了一个全面的电子商务平台。他们开发了易于使用的在线购物网站和移动应用程序，使顾客可以方便地浏览和购买产品。数字化销售渠道，能够迅速响应市场需求，并提供更丰富的产品选择。其次，实现了供应链数字化和自动化。通过使用先进的供应链管理系统和物流技术，实时追踪库存，优化订单处理和配送，以提高交付的准确性和速度。这种数字化和自动化的供应链使公司能够更好地管理供应链风险，并快速适应市场需求的变化。此外，他们还投资了数据分析和预测技术。通过收集和分析大量的销售数据和顾客行为数据，了解市场趋势和顾客需求，以做出更准确的决策。这种数据驱动的决策帮助该公司在市场竞争中保持了敏捷性和灵活性。

由此可见，提升组织的数字化能力和业务灵活性，可以使企业能够更好地适应市场的快速变化。

1. 提升组织的数字化能力

提升组织的数字化能力，是指将传统的业务过程和操作转变为数字化，并利用数字技术来提高效率、创造价值和满足客户需求。这是一个非常重要的转变，因为数字化能力不仅可以帮助组织更好地适应现代商业环境，还可以为其带来许多机会和优势。

建立数字化战略和愿景是提升组织数字化能力的关键。组织需要明确数字化的目标和愿景，明白数字化能够带来的价值和优势，并制订相应的战略和计划来实现这些目标。这样就能够有一个清晰的方向和蓝图，把数字化转型变得更具有针对性和有效性。

投资数字化基础设施建设也是至关重要的。数字化能力的提升需要建立稳定、可靠的数字化基础设施。这包括建立安全的网络和服务器，采用先进的软件和系统，以及培训员工使用这些数字化工具和技术。只有拥有强大的基础设施，组织才能够支持和实现数字化转型的各个方面。

数据管理和分析是数字化能力的核心。组织需要收集、存储和管理大量的数据，并利用数据分析工具和技术来提取有价值的信息和见解，这样可以帮助组织做出更明智的决策，并发现新的商机和增长点。数据是现代商业的重要驱动力，善于利用数据的组织将能够更好地应对市场的变化和满足客户的需求。

除上述之外，组织还需培养一种积极的数字化文化，鼓励员工学习和应用数字化技术。这包括提供培训和学习机会，鼓励创新和实验，并建立跨部门的合作和知识共享。只有拥有数字化技术的能力和意识，员工才能更好地适应和使用数字化工具，从而推动组织的数字化转型。

2. 用数字化技术提升业务灵活性

数字化技术是一个非常有力的工具，它可以帮助组织更好地适应市场的变化和满足客户的需求，使业务变得更加快速、敏捷。下面，就让我们来看看利用数字化技术提升业务灵活性的一些方式。

自动化业务流程是利用数字化技术提升业务灵活性的一种重要的方式。通过使用数字化技术和自动化工具，可以加快业务流程的速度和精确度。例如，自动化订单处理、库存管理和物流配送，可以减少人为错误，并提高响应速度。这样，组织可以更快地处理业务，并及时满足客户的需求。

另一种方式是利用云计算和移动技术，实现更灵活的工作模式和业务模式。利用云计算和移动技术，员工可以随时随地访问和共享信息，从而提高工作效率和团队协作能力。无论是在办公室还是在外办公，员工都可以灵活地处理业务，并与团队保持紧密的沟通和协作。

数字化技术还可以通过提供个性化、定制化的客户体验来提升业务的灵活性。通过数据分析和人工智能技术，组织可以实时了解客户需求，并提供个性化的产品推荐和定制化的服务。这样，组织就能够更好地满足客户的期望，提供更优质的客户体验，从而提升业务的灵活性。此外，数字化技术还可以帮助组织实现快速创新和敏捷开发，快速推出新产品和服务，以快速响应市场变化。这样，企业就能够抓住市场机遇，并保持竞争力。

第九章
企业韧性人才的培养方法

　　企业韧性人才培养方法的核心是培养员工在面对挑战和变化时保持积极的态度和灵活的思维，从而能够适应变革、解决问题、有效合作和持续学习，为企业的发展和应对未来的不确定性提供坚实的基础。为此，本章从理论与实践两个方面阐明和探讨了韧性成长、弹性思维、合作和沟通技巧等议题，旨在为企业打造具备适应能力和抗压能力的人才队伍。

真正的强者是韧性成长

什么是韧性？韧性不等于死磕，不是做无谓的较量，而是用科学的方法寻找热爱，寻找生命的意义。一个有韧性的人，可以从逆境中东山再起，而且可以持续地从逆境和困境当中成长并获益。因此，对于韧性的打造，是一种向内重拾信念、向外探索并且连接的过程。也就是说，真正的强者是韧性成长。

贝多芬是一位著名的作曲家和钢琴家，在他的音乐生涯中经历了许多挫折和困难。尽管他在中年时失去了听力，但他没有放弃音乐创作，而是通过内心的韧性和坚持不懈的努力，继续创作出许多最伟大的音乐作品。

斯蒂芬·霍金是一位著名的理论物理学家，他在年轻时被诊断出患有肌肉萎缩性侧索硬化症（ALS），这导致他渐渐丧失了运动能力和语言能力。然而，他通过自己的智慧、韧性和乐观的态度，在科学领域做出了巨大的贡献，并成了人们崇拜的偶像。

这些例子中的人都面临了巨大的挑战和困难，但他们都表现出了坚韧不拔的精神和积极的态度。他们没有放弃，而是通过适应环境、克服困难，不断成长和取得成功。

事实证明，韧性不仅是一种抵御危机的能力，更具有与动态变化相调适与不断进化的特征。无论是企业领导者、团队管理者还是团队成员，实

178

现韧性成长，都要做到以下几点。

1. 接受变化

生活中的变化是不可避免的，无论是个人生活还是工作环境，都会经历各种各样的变动。有时侯，我们可能会感到不舒服或不安，因为变化带来了不确定性和新的挑战。但是，如果我们能够学会接受变化，并以积极的心态去看待它，就能够更好地适应和应对。

接受变化意味着不抵抗和抱怨变化。抱怨和抗拒并不能改变现状，反而会消耗我们的精力和情绪。相反，我们可以选择以积极的心态看待变化，并将其视为生活的一部分。接受变化还意味着我们要寻找适应变化的方式。这可能包括学习新的技能或知识，改变我们的思维方式，或者调整我们的计划和目标。

接受变化并不意味着放弃自己的价值观和原则，而是要灵活地调整自己的思维和行动，以适应新的环境和情况。这样，我们就能够更好地应对变化，克服挑战，并实现韧性成长。

所以，让我们一起接受变化，以积极的心态去面对，寻找适应变化的方式。记住，变化是生活中不可或缺的一部分，我们可以通过韧性成长来更好地适应和应对它！

2. 培养积极心态

在面对挑战和困难时，保持乐观和积极的态度非常重要。积极心态可以给我们带来力量和动力，让我们相信自己有能力克服困难，继续前进。

乐观的人更有可能看到问题中的机会和潜力，而不仅仅关注困难的一面。相信自己有能力克服困难，相信每个挫折都是一个学习的机会，把失败看作是宝贵的经验，从中吸取教训，不断改进和进步。积极的态度也包括对自己的肯定和自信。相信自己的能力和潜力，相信自己可以应对各种挑战。鼓励自己，给自己正能量的暗示，让自己保持积极的心态。

另外，与他人分享积极的心态也是很重要的。和乐观的人在一起，分享彼此的成功和进步，互相鼓励和支持，我们可以受到积极的影响，进一步增强自己的韧性。

3. 建立弹性思维

弹性思维是一种能够灵活适应不同情况和变化的思维方式。它要求我们不要故步自封，而是保持开放的思维，勇于尝试新的方法和策略。

弹性思维意味着将问题看作是挑战而不是障碍。当我们面临问题时，相信自己有能力找到多种解决方案，并不断尝试不同的方法来解决问题。弹性思维要求我们不要局限于一种思维模式或方法，而是尝试从不同的角度来思考和解决问题。这可能包括向他人寻求建议和意见，或者尝试新的方法和策略。只要保持开放的思维，接受不同的观点和想法，我们就能够找到更多的解决方案。弹性思维也要求我们灵活调整自己的思维方式。有时候，我们可能需要改变思考方式或者调整计划和目标，但这并不意味着放弃自己的价值观或原则。保持灵活性，适应变化，这样我们就能够更好地应对挑战并实现韧性成长。

4. 坚持不懈

坚持不懈是实现韧性成长的关键。在面对困难时，我们不能轻易放弃，而是要设定目标并制订计划，通过落实计划来坚持追求目标，同时要克服困难。

设定明确的目标是坚持不懈的重要一步。通过目标的设定，可以明确知道自己想要什么，这样我们才能有动力和方向去努力。要确保你的目标是具体、可衡量和可实现的。既然设定了目标就要制订可行的计划。要制订一份详细的计划，列出实现目标所需的步骤和行动。将大目标分解为小目标，这样可以更容易跟踪进展并保持动力。

持之以恒地努力实现目标，强调的是克服困难。面对困难和挑战时，不要轻易退缩。相信自己的能力，保持积极的心态，并采取行动。即使遇到挫折，也要从中学习并调整自己的策略。记住，韧性成长是一个持续的过程，需要我们坚持不懈地努力。

5. 寻求支持和学习

在实现韧性成长的过程中，与他人分享经验和困扰是非常重要的。与他人分享经验可以帮助我们从他们的身上汲取力量和启示，为我们提供新的视角和解决方案，也可以不断扩展自己的知识和技能，提高自己的韧性。加入社区和组织、找导师或教练、利用在线资源、关注社交媒体和博客，以及参加活动和研讨会，都是可行的途径和方法。

寻找与你有共同兴趣的社区或组织，例如语言学习俱乐部、学习小组或在线论坛，可以让你与志同道合的人互动和学习。你可以向他们寻求建议、分享经验并互相支持。

找到一个在你想学习的领域有丰富经验的人，他们可以成为你的导师或教练。他们可以给你指导和建议，并分享他们的知识和经验。你可以向他们请教问题，接受他们的指导，从他们那里学习并获得支持。

在互联网上有许多资源可以帮助你寻求他人的支持。例如，你可以参加在线学习课程、观看教育视频或加入学习社交媒体群组。这些资源可以让你与其他学习者互动，分享经验，并从他们那里获得支持。

关注一些与你学习领域相关的专业人士、教育家或博主。通过他们的社交媒体账号或博客，你可以获得他们的见解、建议以及学习资源。你还可以与他们互动，提出问题，并从他们那里获得回应和支持。

参加与你学习领域相关的活动和研讨会，是一个与其他人互动和学习的好机会。你可以在这些活动中结识许多有共同兴趣的人，分享经验、交流观点，并从他们那里获得支持。

培养危机中的弹性思维

有一位小企业主，他的实体店生意在疫情期间受到了很大的冲击，客户数量急剧减少，销售额大幅下降。面对这个危机，这位小企业主开始思考如何适应新的市场需求。他通过观察和调研发现，在疫情期间，人们更加依赖线上购物和服务。于是，他决定将业务转移到线上平台，开设一个网上商店，并提供在线销售和配送服务。同时他还思考如何吸引更多的顾客。他意识到，人们在疫情期间对健康和个人安全的关注度更高，于是他调整产品线，增加一些健康食品和个人防护用品。通过这些调整，他吸引了更多关注健康和个人安全的顾客，并且逐渐恢复了销售额。

这个案例中，这位小企业主展现了在危机中的弹性思维。面对困难，他没有固守过去的实体店经营方式和观念，而是敏锐地观察市场变化，主动调整自己的业务模式，灵活地利用线上平台、调整产品线，适应了新的市场需求，从而成功地度过了危机。

这个案例告诉我们，在面对危机时，培养弹性思维是非常重要的。我们需要敢于接受变化，灵活地调整自己的方式和策略。观察市场和顾客的需求，寻找新的商机和解决方案。同时，我们也需要勇于创新和尝试，不断寻找新的机会和可能性。

《弹性》一书的作者、美国著名理论物理学家列纳德·蒙洛迪诺认为，弹性思维会让人跳脱出传统的惯性思维、逻辑思维或者说摆脱经验主义的束缚，产生类似"突发奇想、灵光一现"的时刻。可见弹性思维也可称之为创造性思维。

弹性思维，简单地说，就是不被传统的思维框架限制，跳出常规的思维方式，是一种灵活思维。从全新的视角出发，出奇制胜。那么，我们如何培养危机中的弹性思维呢？

1. 跳出固有思维

培养弹性思维的第一步是要跳出我们固有的思维框架。传统观念、习惯和经验会限制我们的思考方式。要跳出固有思维，可以尝试以下方法。

积极参与各种社交活动，与来自不同背景和观点的人交流。这可以扩大我们的视野，让我们接触到不同的思维方式和观点。尝试与不同专业领域的人合作，或者参加跨学科的讨论会，以促进跨界思考。

阅读是培养弹性思维的有效途径。选择阅读各种不同主题和领域的书籍和文章，包括科学、哲学、历史、艺术等。这样可以让我们接触到不同的思想和观点，激发创造力和灵感。主动学习新的技能和知识可以帮助我们打开思维之窗。选择一门我们以前没有接触过的学科或技能，例如绘画、音乐、编程等。学习新的东西会刺激我们的大脑，让我们思考问题的方式更加灵活多样。

定期反思自己的观点和主张，主动挑战它们也是必要的。不妨问问自己为什么持有这样的观点，是否有其他可能性或解释。这种自我反思和质疑可以帮助我们超越传统的思维模式，寻找新的思维路径。同时，要观察自己的日常习惯和思维方式，尝试改变其中的一些方面。例如，改变我们的作息时间表、尝试不同的思考方式或解决问题的方法。通过打破常规，我们可以激发创造力和培养创新思维。

2. 放空大脑，神思飞扬

放空大脑并不意味着完全空虚，而是给大脑提供一个安静的环境，以便思考和探索。通过给自己创造时间和空间，进行有意识的放松活动等方法，可以让大脑得到放松和恢复，激发创意和灵感，进而培养弹性思维。

找一个安静的地方，远离噪音和干扰。可以是一个空旷的房间、一个安静的公园，甚至是我们自己的卧室。确保我们的思维不会受到外界的干扰，放松大脑，让思维得到自由流动。创造安静的环境也需要远离电子设备和社交媒体。电子设备和社交媒体常常会让我们分散注意力，限制思维的广度和深度。尽量减少使用电子设备和社交媒体的时间，给自己一些远离干扰的空间。这样可以让我们的大脑得到休息，更好地进行创造性的思考。

参加一些有意识的放松活动，例如散步、瑜伽、绘画、写作等。这些活动可以帮助我们放松大脑，释放压力。在放松的状态下，我们的思维更有可能发现新的思考路径。此外，冥想和放松训练也是有效的方法，可以帮助我们清空杂念，提升专注力，让思维更加灵活和敏捷。找到一种适合自己的冥想或放松训练方法，例如深呼吸、身体扫描、正念等。通过这些方法，我们可以平静大脑，放松身心，创造宁静的思考环境。

3. 多一些奇思妙想

尝试不同的想法、观点是培养弹性思维的关键。通过思维导图、提出问题和挑战思维、保持好奇心和想象力等方法，可以打开思维的大门，培养出更多的奇思妙想。

思维导图是一种可视化工具，可以帮助我们自由联想和组织思维。将想法和观点以图形的形式展示出来，可以帮助我们发现它们之间的联系和新的思维路径。头脑风暴是通过集思广益来激发各种新的想法和解决方案。

积极提出问题并挑战自己的思维是培养奇思妙想的有效方法。问自己为什么事情是这样的，是否有其他可能性或解释。从不同的角度思考问题，尝试寻找非传统的解决方案，这样的思考过程可以激发创新思维，有利于寻找新的切入点。

保持好奇心和想象力是培养奇思妙想的关键。尝试观察周围的事物，提出自己的疑问，并寻找答案。鼓励自己进行无限的想象，不受限制地思考各种可能性和情景，这样可以激发创造力和创新的想法。

除此之外，跨领域思考和学习是培养奇思妙想的有效途径。尝试学习不同领域的知识和技能，将它们与已有的知识和经验相结合，可以培养出富有创意的思维方式。同时，培养奇思妙想还需要勇于尝试和接受失败。不要害怕犯错，学会从失败中学习，并不断调整和改进。通过积极的试错，我们可以探索新的思维路径，产生更多的奇思妙想。

培养韧性人才解决问题的能力

有一家制造业公司，由于疫情的原因市场需求突然发生了变化，导致产品销售量大幅下降。这对该公司来说是一个巨大的危机，需要快速找到解决办法以恢复销售。这时，销售部经理向公司决策层提出了自己的四条建议：第一，调整产品策略。销售部经理建议公司决策层仔细分析市场变化的原因，并根据市场需求的变化调整产品的特性和定位，以满足新的市场需求。第二，探索新的销售渠道。销售部经理提出由自己主抓渠道开发，通过电子商务平台、社交媒体等途径来扩大产品的曝光率和销售渠道。第三，与客户合作解决问题。销售部经理带领销售部全员积极与客户沟通，了解客户的需求和痛点，并与客户合作找到解决方案，以满足客户的需求。第四，团队合作和创新。建议销售部各小组展开合作，共同开展头脑风暴和创新工作坊，以寻找新的解决方案和市场机会。在提出这些建议的同时，销售部经理也请求公司决策层予以必要的支持。

公司决策层基本采纳了这些建议，结果在疫情中维持了销售部门的运营，为公司渡过难关做出了突出贡献。疫情过后，这位销售部经理直接越过分公司经理，晋升为区域销售经理。

这个例子展示了一位韧性人才在面对突发问题时的综合能力。这位销售部经理面对危机不是感到沮丧，而是以积极主动的态度，利用创新思维和团队合作来寻找解决方案，灵活调整策略，并与利益相关者展开合作，以实现快速恢复和持续发展。这种解决问题的能力是企业韧性人才所追求的目标之一，因为这样的人才能够帮助企业应对挑战并取得成功。

1. 营造积极的学习氛围

营造学习氛围可以通过设立培训计划和工作坊来实现，包括开展定期的培训课程，专门针对员工的需求和岗位要求进行设计。这些培训可以由内部专家或外部讲师来授课，确保员工能够获得最新的行业知识和技能。同时，工作坊也是一个很好的学习平台，员工可以在其中分享自己的经验和学习成果，促进互相学习和交流。

除了企业内部的培训计划，员工还可以参加外部的培训课程，如研讨会和行业展览。这些活动能够帮助员工拓展技能和提升能力，同时也能够拓宽视野，了解行业的最新动态和趋势。企业可以提供经济支持或灵活的工作安排，以便员工能够参加这些培训课程。

为员工提供学习资源和工具，如在线课程、学习平台和知识库，让他们可以根据自己的兴趣和需求进行学习。同时，提供学习时间和空间，让员工有机会专注于学习，而不受其他工作任务的干扰。这种自主学习的机会可以激发员工的学习热情，让他们能够自觉地提升自己的技能。

企业可以设立奖励机制，以激励员工的学习动力。例如，可以设立学习成果奖励，表彰那些在学习中取得优异成绩的员工。这种奖励可以是物质的，如奖金或礼品，也可以是非物质的，如公开表彰和颁发荣誉证书。这样的奖励机制可以激发员工的学习热情，促使他们更加积极地参与学习活动。

企业应注重创建鼓励学习和分享的文化。领导者和管理层可以树立榜样，积极参与学习活动，并与员工分享自己的学习经验和成果。同时，鼓励员工之间的学习交流和合作，例如组织学习小组或知识分享会。这样的企业文化可以营造积极的学习氛围，让员工感到学习是一种乐趣和成长。

2. 提供挑战和成长的机会

为了给员工提供挑战和成长的机会，企业分派给员工的任务应该是能够激发员工的兴趣和激情的，并且超出他们当前的能力范围。面对挑战，员工将不断地学习和成长，提高自己的技能和解决问题的能力。这些任务可以是个人任务，也可以是团队合作的项目，以促进员工之间的协作。

当员工完成具有挑战性的任务或项目时，要及时给予积极的反馈和认可，可以是口头表扬、书面赞扬或者公开表彰。同时，建立一个奖励体系，例如奖金、晋升机会或特殊待遇，以激励员工持续努力和不断提升自己。这样的反馈和奖励可以让员工感受到自己的努力和成就被认可，增强他们的自信心和动力。

提供培训和发展的机会也是很重要的。员工可以参加专门针对挑战和成长领域的培训课程，以提升相关技能和知识。企业可以与员工共同制订个人发展计划，并提供资源和支持，帮助他们实现自己的职业目标。这种持续的学习和发展机会可以激发员工的动力，使他们不断提升自己，迎接更大的挑战。

除此之外，建立一个积极的团队文化也是帮助员工成长的关键。鼓励团队成员互相支持和合作，分享经验和知识，并鼓励他们互相帮助解决问题。这样的团队文化可以创造一个相互成长和激励的环境，促使员工持续努力和不断提升自己。

3. 鼓励团队合作和交流

鼓励团队合作和交流，首先需要创建一个开放和支持的工作环境，让员工可以分享经验、互相学习。组织团队活动是促进团队合作和交流的好方法。这些活动可以是团队建设活动、团队讨论会、工作坊等。通过这些活动，员工可以更好地了解彼此，建立相互的信任和默契。这也是一个让员工分享经验和互相学习的机会，促进团队成员之间的合作和沟通。其次，也应该鼓励员工参与跨部门或跨团队的合作项目，因为这样的合作可以促进不同团队之间的交流和合作，打破部门之间的壁垒，促进知识和经验的共享。企业可以为此设立激励机制，以奖励那些积极参与跨团队合作的员工，进一步推动团队之间的合作和交流。

利用技术工具和平台促进团队交流是必不可少的。企业可以使用即时通信工具、在线协作平台或社交媒体等方式，让团队成员方便地进行交流和合作。这样的方式可以促进信息的共享和沟通的便利性，加强团队之间的合作和协作。

此外，领导者和管理层应该提供支持和资源，以鼓励团队合作和交流，包括提供培训和发展机会，帮助员工提升合作和沟通的技能。领导者还可以组织定期的团队会议或工作坊，为团队成员提供一个交流和学习的平台。

4. 树立榜样和展现领导力

树立榜样和展现领导力是培养韧性人才的重要方面。作为领导者，应该展示积极的态度和坚韧的精神。无论面临多大的困难或挑战，保持乐观和积极的态度都能够鼓舞员工，并激励他们以相同的态度面对困难。可以通过分享自己的经验和故事来展示坚韧的精神，以及克服挑战和困难的过程，这将激励员工相信自己也能够克服困难。

作为领导者，应了解员工的需求和目标，并帮助他们制订明确的发展计划。与员工进行一对一的沟通，了解他们面临的困难和挑战，并提供实用的建议和支持。同时，给予员工必要的资源和培训，帮助他们克服困难并取得成功。这样的指导和支持将激励员工发展自己的能力，增强韧性和成长。此外，应该鼓励员工追求个人发展和自我提升。提供培训和学习机会，支持员工参与专业发展课程或项目。这样的榜样行为将激发员工的动力和热情，促使他们不断追求进步和成长。

表示真诚的关怀和关注是展现良好领导力的关键。关心员工的个人和职业发展，了解他们的需求和目标，并提供必要的支持和帮助。在困难时给予鼓励和支持，展示作为一个领导者对员工的关心和信任。这样的关怀和关注将帮助领导者建立积极的工作关系，并激励员工发展自己的能力和韧性。

企业韧性人才的合作和沟通技巧

有一家科技公司，在面对市场竞争激烈和技术变革迅速时，需要迅速调整产品战略并提高生产效率。为了应对这一挑战，公司决定组建一个跨部门的团队，成员由在平时工作中表现出能够承受压力、保持冷静和稳定的心理状态，并致力于努力实现目标的一些人组成，以确保快速响应和有效合作。

团队在成立之初就明确地沟通了目标和期望。他们共同讨论并制订了一个清晰的工作计划，明确各自的角色和责任。团队成员之间建立了开放、诚实和透明的沟通渠道。团队鼓励成员提出问题、分享观点和提供反馈，以促进知识共享和创新。在团队合作方面，团队成员展示了灵活性和适应能力，愿意在需要时承担额外的责任和任务，以确保团队的整体成功。当面临冲突或问题时，团队成员能够以积极的态度应对，并采取适当的行动来解决。成员通过开放的对话和合作来解决分歧，确保团队保持凝聚力和前进的动力。

经过这个团队的开放性沟通、合作以及解决具体问题等几方面的努力，该公司的产品战略迅速适应了市场需求的变化，提高了生产效率，从而取得了良好的业绩。这个团队在合作和沟通方面的出色表现，充分体现了人才的韧性特质，这对于组织的韧性和成功至关重要。

值得注意的是，这个案例中的韧性人才展示出的技巧和能力是可以培养和发展的。通过培训和提供适当的支持，组织可以帮助员工发展韧性，使其在面对变化和挑战时展现出更好的合作和沟通技巧。

1. 培训教育及资源支持

培养韧性人才的合作和沟通技巧，企业需要提供韧性培训和教育计划，帮助员工了解韧性的概念、重要性和技巧。这些培训应包括工作场所适应性、问题解决能力、决策能力、情绪智力和自我调节等方面的内容。培训课程可以通过面对面的培训、在线培训、研讨会和工作坊等形式进行。

企业需要提供支持和资源来帮助员工发展韧性，包括提供心理咨询服务、指导员工应对挑战和压力的方法、提供资源和工具来帮助员工应对变化等。此外，还可以建立支持网络，鼓励员工之间相互支持和分享经验。

营造一个良好的工作环境也是一种支持。为了培养韧性人才，企业要营造积极的工作环境，赋予员工更多的自主权和责任感，鼓励他们参与决策和解决问题的过程；鼓励员工之间的合作和团队合作，提供机会进行跨部门和跨功能的合作，以培养他们的合作技巧。

2. 有效的沟通渠道

通过建立有效的沟通渠道，企业可以促进员工之间的合作和沟通，帮助他们更好地了解企业的变化和挑战，并能够表达自己的观点和意见。这将增强员工的参与感和责任感，使他们在面对变化和挑战时展现出更好的合作和沟通技巧。

企业要定期组织团队会议，让员工分享信息、讨论工作进展、解决问题，并了解组织的变化和挑战。要确保会议的议程清晰明确，鼓励员工积极参与，并提供机会让他们表达自己的观点和意见。

建立员工反馈机制，如定期的员工满意度调查、匿名反馈箱、在线平台，以及定期与员工进行一对一的反馈和交流。可以让员工有渠道表达他们的想法、意见。通过积极收集和回应员工的反馈，企业可以更好地了解员工的需求和关切，并采取适当的措施来改善沟通和合作。

随着科技的发展，企业应利用各种在线沟通工具来促进实时和跨地域的沟通。这些工具包括电子邮件、即时消息、视频会议和社交媒体平台等。通过合理使用这些工具，企业可以确保信息的及时传递和共享，加强团队之间的协作和沟通，并消除地理障碍。

提供沟通培训可以帮助员工提升沟通意识和技巧。培训内容可以包括有效的听力和表达技巧、非语言沟通、冲突解决和谈判技巧等。通过培训，员工可以学习如何更好地理解和传达信息，提高沟通的效果和质量。

3. 提供机会和挑战

企业通过提供机会和挑战，如给予员工更多的项目责任、参与团队合作、领导小组活动以及提供跨部门和跨功能的工作机会等，将增加员工的自信心和韧性，使他们能够更好地适应和应对变化和挑战，同时也能够提高团队整体的合作效能。

将更多的项目责任交给员工，可以激发他们的合作和沟通能力。通过参与项目，员工将面临协调团队成员、共享信息、解决问题和达成目标的挑战。这种参与将促使员工与其他团队成员密切合作，学会有效的沟通和协商，以实现共同的目标。给予员工具有挑战性的工作任务也可以激发他们的合作和沟通技巧。这些任务可以是复杂的问题、创新项目或紧急情况下的危机管理。面对这些挑战，员工将需要与其他人合作，共同制定解决方案并有效地沟通执行计划。

企业可以鼓励员工参与团队合作活动，如团队项目、工作小组或跨部门的合作项目。这些合作机会将为员工提供与不同背景、技能和观点的人合作的机会。通过与其他团队成员合作，员工将学会倾听、理解和尊重他人的意见，以及有效的协调和沟通。给予员工领导小组活动的机会，可以培养他们的领导能力和合作技巧。领导小组活动可以包括带领小团队解决问题、组织讨论会或跨团队项目的领导角色。通过这些活动，员工将学会领导他人、激励团队成员、促进合作和有效的沟通。

除上述之外，将员工调到不同部门或功能的工作岗位上，可以帮助他们了解不同部门之间的协作和沟通方式。这种做法可以拓宽员工的视野，培养他们与不同背景和专业知识的人合作的能力。跨部门和跨功能的工作机会将鼓励员工跨越组织内部的界限，进行更广泛的合作和沟通。

韧性人才的持续学习和自我发展意识

刘强是一家科技公司的高级软件工程师，他清楚科技行业的快速发展和变化，以及对更新和深化技术知识的需求。作为一个有追求的专业人士，他始终保持着学习的态度，并主动寻求机会来不断提升自己。刘强特别关注最新的技术趋势和创新，经常参加相关的学术会议和专业培训课程。因为通过这些活动，能够获取最新的行业见解和知识，了解前沿技术的应用，并将其应用到自己的工作中。此外，刘强也主动担任导师的角色，帮助新人和年轻工程师提升技能和知识。他与团队成员分享自己的经验和学习心得，鼓励他们参与学习和自我发展。通过教授和解答问题，刘强进一步巩固了自己的知识，并通过教学提高了自己的理解和表达能力。

刘强展示了韧性人才所具备的持续学习和自我发展意识。他意识到自己所处的行业变化快速，因此采取了积极主动的态度来应对这种变化。通过参加培训和研讨会，不仅更新了自己的知识，还与同行进行了交流和互动，从而加深了对行业趋势的理解。此外，他还通过担任导师的角色，将自己的知识和经验传授给团队成员。

这个案例表明，持续学习和自我发展的意识是韧性人才的重要特征之一。这种意识使人们能够适应快速变化的环境，并不断提升自己的技能和知识。通过积极主动地参与学习和分享，个人不仅能够取得成长，还能够为团队和组织的成功做出贡献。

1. 组织培养韧性人才的措施

培养韧性人才的持续学习和自我发展意识需要组织和个人的合作和共同努力。组织应该提供学习支持和机会，营造学习的氛围，并建立导师制度，提供具有挑战性的工作任务。

组织应该通过建立以学习为导向的绩效评估体系、提供学习资源和机会，以及奖励和认可员工的学习成果等，来鼓励和支持员工的学习和自我发展。学习应该被视为组织的核心价值，并被纳入到日常工作中。

组织应提供培训课程、研讨会、工作坊、内部导师计划等各种学习机会，内容涵盖员工所需的技术、领导力和沟通等方面的知识和技能。通过提供多样化的学习机会，满足不同员工的学习需求和兴趣。其中，建立导师制度时，要让经验丰富的员工担任导师的角色，与新人或其他员工分享知识和经验。导师制度可以促进知识传承和跨代沟通，帮助新人更快地适应环境和得到成长，同时给导师提供机会巩固自己的知识和加强领导能力。

除上述之外，组织应该给予员工具有挑战性的工作任务和项目，激发他们的学习和成长动力。这些任务应该超出员工的舒适区，并要求他们不断学习和发展新的技能和知识。同时，组织应该提供支持和资源，以确保员工在面对挑战时能够获得必要的帮助和指导。

2. 个人培养持续学习意识的步骤

培养持续学习意识关键在于个人。个人需要制订学习计划，寻求反馈和指导，并进行自我反思和总结。

个人应该培养一和持续学习的意识，并认识到学习是一个终身的过程。日常应该保持好奇心，不断寻求新的知识和经验，并将学习融入到自己的日常生活和工作中。不仅如此，个人要明确学习的目标和方向，制订自己的学习计划，如参加培训课程、阅读专业书籍、参与行业研讨会等。制订计划有助于个人有条不紊地进行学习，并保持学习的连续性。

　　除了保持好奇心和制订学习计划以外，个人应该通过与导师、同事或领导进行定期的交流和讨论，以了解自己的学习进展和发展方向。反馈和指导可以帮助个人认识到自己的弱点和改进的方向，并提供实际的建议和指导。个人还可以通过撰写学习日志、参与自我评估或组织讨论会等方式进行自我反思和总结，以回顾自己的学习成果和经验。通过反思和总结，个人可以加深对学习过程的理解，并发现自己的成长和进步。

第十章
危机领导力的案例分析

　　本章通过讲解成功和失败的案例，研究与反思不同领域危机领导力的实践模式以及个人成长与危机领导力的关系等几部分内容，深入探讨了领导者的能力和特质，以及他们在危机中的行为和决策，从而提供领导者和组织应对危机的启示和教训，以便更好地应对危机，促进组织的发展和成长。

成功领导者的案例研究

　　海底捞是一个在中国非常知名的火锅连锁品牌。尽管该公司在服务和食品质量方面一直保持着良好的声誉，但在危机公关方面也曾经面临一些挑战。记者曾通过拍摄老鼠钻食品柜、火锅漏勺掏下水道、扫帚簸箕与餐具一起洗等照片，揭露了海底捞的卫生状况堪忧的问题。事件爆发三个小时左右，海底捞管理层就发表了道歉声明，在声明中承认了卫生问题的存在，同时表达了事件对公众造成的困扰和不便的歉意，并表示会为员工的错误行为负责。

【**案例分析与启示**】

　　危机公关，速度是第一原则。海底捞在事件爆发三个小时左右就发表了道歉声明。这种迅速回应对于危机公关至关重要。它表明海底捞对事件的重视程度，并传递了一个信息：他们认识到问题的严重性并正在采取行动。危机公关，真诚沟通是必需的。海底捞在道歉声明中表达了对事件造成的困扰和不便的歉意，并承认了卫生问题的存在。这种真诚的态度有助于赢得公众的理解和认可。通过与公众坦诚的沟通，海底捞传达了他们对食品安全的重视，并表达了改善的决心。除了速度和真诚沟通，海底捞在道歉声明中明确承认了错误，并向受影响的顾客和公众致以诚挚的歉意。这种认错态度显示出海底捞对事件负责的态度，并表明他们愿意承担责任并采取措施解决问题。海底捞还在道歉声明中明确表示将对存在问题的分店进行整改，并为涉事员工的错误行为负责。这种为员工承担错误的态度显示出海底捞对员工的管理责任，并且向公众传达了一个信息：他们将采取措施确保类似问题不再发生。

海底捞在危机公关方面表现出色。这个成功案例为其他企业提供了一个范本，即在危机发生时，应该及时、真诚地回应，主动承担责任，并采取积极措施解决问题。

失败领导者的教训与反思

信任与团结在企业管理中具有重要作用，尤其在危机管理中更是关键。建立信任、促进团结，是企业管理者跨越危机的关键之道。在下面这个真实的案例中，我们看到企业管理者在面对危机时，应该更多地信任员工，而不是一味训话、诋毁，甚至是看员工的笑话。这个案例发生在某公司一个项目的投产阶段。

该项目由于前期核算流程不严谨，投产后出现利润"倒挂"的情况。就在这个时候，企业老板并没有要求客户涨价，而是指示采购部门去谈判，以压低成本。采购部门积极执行老板的决定，成功地与供应商谈判降低了20%的成本。

然而，令人意外的是，当老板得知结果后，并没有给予采购部门应有的赞赏和支持，反而评判道："从这个情况可以看出来，你们采购部以前不努力，现在这样压一下，利润马上出来了。"这样的评判不仅伤害了采购总监的自尊，更动摇了员工们的信心和工作动力。

事情的转折点发生在采购总监将这个情况告诉所有采购人员后。大家感到生气和委屈，决定集体到老板那里去要个说法。他们表达了对老板的不满，并以集体辞职的方式引爆了这个部门"消失"的危机。老板得知后，找到采购总监希望能平息此事。采购总监意味深长地说："老板，早知今日何必当初呢！我们部门都是有经验的人，换个工作不难……就这样吧，我去办理交接手续。"此时此刻，老板也感到自己之前的做法很是不妥，但为时已晚。

【案例分析与启示】

这个案例让我们认识到，管理者应该明白信任是管理的核心，它能为企业创造更好的发展机遇。在危机中，与其训话、诋毁员工，不如给予员工信任和支持，共同努力，共创未来。通过真诚的沟通和信任，共同跨越危机，实现企业的长远发展。

在危机中，管理者应该更多地信任员工，尊重他们的努力和付出。员工们本着为企业谋求最大利益的原则，积极地与供应商谈判以降低成本。他们所期望的，只是老板对他们的工作给予认可和支持，而不是埋怨和指责。如果老板能够站在员工的角度，相信和认可他们的能力和努力，对他们给予合理的奖励或激励，就不会是这个结果，反而很可能会创造出更多的利润。无数事实证明，老板信任员工不仅能提高员工的工作积极性和效率，更能增强员工与企业之间的忠诚度和凝聚力。危机来临时，员工也会更加团结一致，积极面对挑战，为企业找到最佳解决方案。

不同领域危机领导力的实践模式

　　危机是指突发的、紧急的，可能对组织、社会或个人造成重大威胁的事件或情况。在面对危机时，领导者需要具备危机领导力，即在应对危机的过程中展现出的特定领导能力和行为。下面来看看经济领域、医疗领域和教育领域的危机领导力案例。

　　经济领域危机领导力的典型例子应该是华为。作为全球领先的信息通信技术解决方案提供商，华为在面对危机时表现出了卓越的领导力。首先，华为一直致力于技术创新和研发投资，这使得该公司在行业竞争中保持领先地位。在面临全球经济危机和行业动荡时，华为继续加大研发投入力度，不断推出具有竞争力的新产品和解决方案。这种技术创新和研发投资为华为提供了灵活应对危机的能力。其次，华为在全球范围内建立了广泛的市场布局，减轻了对单一市场的依赖。这种多元化战略使得华为能够更好地应对地区性和全球性的经济危机。当某个市场受到冲击时，华为可以通过扩大在其他市场的业务规模来平衡风险。此外，华为具备敏锐的市场洞察力，能够快速识别和应对市场变化和挑战。在危机期间，华为能够迅速调整战略，抓住市场机会。例如，华为在全球经济危机期间加大了对新兴市场的开拓，这为公司带来了新的增长引擎。华为还拥有灵活的组织架构和决策机制，在面对危机时，能够灵活调整资源配置、加强内部协作，并迅速做出决策以适应变化的市场需求。

医疗领域危机领导力的例子不妨看看腾讯。2020 年 2 月 7 日晚，腾讯宣布设立了一个价值 15 亿元的"战疫基金"，其中 5 亿元作为后备基金，可用于与防疫相关的科学研究、医疗设施完善、医学科普等工作。腾讯还针对病毒突变预测、抗病毒药物筛选和疫苗研究，开放了自身云计算、人工智能和大数据等能力，为科研机构的研发工作提供技术支持。腾讯云成立了应急工作小组，免费开放了云超算等能力，调度了一批 GPU 服务器节点，免费提供所有计算资源，助力推进病毒药物的筛选进度。腾讯 AI Lab 也向科研院所开放了 AI 能力，以帮助研究人员进行针对新型冠状病毒靶点的药物筛选，缩短潜在治疗药物的研究周期。面对紧张的疫情，腾讯智慧医疗、腾讯云和腾讯 AI Lab 等团队都希望发挥自身的优势和资源，为医院、科研机构乃至整个社会提供更多帮助。他们通过自身的技术能力和资源，致力于早日打赢这场抗疫之战。

教育领域危机领导力的例子可以看看清华大学。清华大学在汶川大地震后不仅在工程和技术领域发挥了重要作用，也在人文与社会科学学科方面做出了积极贡献。清华大学人文与社会科学学科的教师们参与了汶川地震后的重建规划。他们运用社会学、城市规划、经济学等学科的专业知识，为灾区提供了可行性研究、城市规划和社会发展方面的专业建议。他们运用心理学、社会工作、教育学等学科的知识和技能，开展心理咨询、心理疏导和社会支持项目，帮助受灾群众处理创伤和压力，重建心理健康和社会互助网络，为灾区提供了心理援助和社会支持。与此同时，他们还积极进行社会调查和政策研究，为政府和社会提供灾后重建的决策支持和政策建议。他们通过调研灾区的社会需求和问题，提出了合理的政策建议，促进了灾后重建工作的科学性和可持续性。

【案例分析与启示】

华为作为一家在全球范围内运营的企业，在面对危机时展现了卓越的领导力和应对能力。通过技术创新、多元化市场布局、市场洞察力和灵活的组织架构，华为在不断变化的环境中保持竞争优势，并实现了持续的增长和发展。这个例子体现了中国企业在危机领导力方面的成功实践。

腾讯在医疗领域展现了卓越的危机领导力，通过设立战疫基金、提供技术支持和资源调配，以及开放自身的云计算、人工智能和大数据能力，为疫情防控和科学研究做出了积极贡献。这个例子体现了腾讯在危机中主动作为、发挥社会责任感的精神和行动，为社会健康做出了重要贡献。

清华大学人文与社会科学学科的教师们在汶川大地震后发挥了专业优势，为抗震救灾和灾后重建做出了积极贡献。他们的工作不仅关注物质方面的重建，还注重社会、心理和人文层面的支持和关怀。这体现了清华大学跨学科合作和综合发展的理念，为灾区人民提供了全面的支持和帮助。

上述案例说明，不同领域的危机领导力实践模式会因领域、危机类型和具体情境而有所不同。经济领域的危机领导力需要企业领导者在危机中迅速做出决策，并采取行动来控制损失和修复声誉。同时，领导者应该组织和激励团队成员，共同应对危机，并通过协作解决问题。医疗领域的危机领导力需要医疗机构领导者在危机中与各个部门、医护人员和相关机构进行紧密的协调和合作，确保资源的合理分配和协同行动。同时，给医护人员提供指导和支持，帮助他们应对危机，并提供必要的培训和资源。教育领域的危机领导力需要教育机构领导者在危机中有效地管理和规划资源，确保学生和教职员工的安全，并维持教育的连续性。同时，帮助学生和教职员工管理情绪，提供必要的支持和咨询服务，帮助他们度过危机。

这些不同模式的共同点是：领导者需要展现决断力、透明度、沟通能力、团队合作、资源管理和情绪支持等关键领导技能，以应对危机、保护相关利益方的利益，并最终实现危机的解决和各项工作的恢复。

个人成长与危机领导力的关系

刘芳在一家大型跨国公司担任高级职务。在她的职业生涯中，经历了一次公司内部的危机事件。这次危机导致公司声誉受损、销售额下滑以及团队内部的不稳定。面对危机，刘芳不仅需要处理来自外部的舆论压力和业务挑战，还需要管理内部的冲突和团队合作问题。在这个过程中，她面临许多困难和挑战，但也获得了宝贵的成长经验。

在危机事件中，刘芳学会了在紧张的环境下保持冷静和镇定，并有效地应对挑战。这些经验使她在日后面对其他危机时更有信心和能力。刘芳在危机中需要扮演领导者的角色，引导团队走出困境。她学会了有效的传达和沟通，激励团队成员，建立合作关系，并做出艰难的决策。这些经验有助于她的领导力发展，提高她的危机应对能力。这次危机事件也为刘芳提供了一个学习和改进的机会。她反思了事件中的问题和挑战，并从中汲取了宝贵的教训。她通过分析错误和成功的因素，改进了公司的流程和策略，以预防未来类似的危机。

通过这次危机事件，刘芳经历了个人成长和发展，学会了应对压力、发展领导力技能，并通过反思和改进，提升了自己和公司处理危机的能力。这些经验和成长使她成为一个更具危机应对能力的领导者，为未来的挑战做好了准备。

【案例分析与启示】

这个案例揭示了危机与个人成长之间的密切关系。面对危机，个人可以通过应对压力、发展领导力和进行反思改进来成长。同时，这个案例也强调了团队合作和危机应对能力的重要性。对于个人和组织来说，危机是一个重要的学习和发展机会，因此应该为未来可能遇到的挑战做好准备。

这个案例的启示意义在于：第一，危机是个人成长的机会。危机事件可以成为个人成长和发展的机会，因为在面对挑战和压力时，人们往往被迫离开自己的舒适区，并学会应对困难和不确定性。通过面对危机，个人可以发展出更强大的适应能力、决策能力和应变能力。第二，领导者需要具备危机应对能力。他们应能在压力下保持冷静，有效地传达和沟通，激励团队并做出艰难的决策。通过面对危机，领导者能够锻炼和发展这些关键技能，使自己更适应未来的挑战。第三，反思和改进是关键。危机事件过后，个人和组织都应进行反思和改进。通过仔细分析危机中的问题和挑战，可以获取宝贵的教训和经验，并在未来避免或更好地应对类似的危机。反思和改进的过程有助于个人和组织的学习和成长。第四，团队合作与危机应对。危机时期，团队合作至关重要。领导者需要建立积极的团队文化，鼓励成员之间的合作和支持。通过有效的团队合作，可以共同应对危机，发挥每个人的优势，从而实现更好的结果。

后 记

本书试图向读者传达这一个重要信息：韧性是危机领导力的核心要素。无论是在个人生活还是职业生涯中，我们都会遇到各种危机和挑战。而作为领导者，最重要的责任就是在面对这些危机和挑战时展现出真正的韧性和领导力。

危机领导力并非天生具备，它是一种可以培养和发展的能力。通过阅读本书，我希望读者能够深入了解危机领导力的重要性，并学会运用一些实用的方法和策略来提升自己的韧性领导力。

在写作这本书的过程中，我深受理论研究、案例分析和实践经验的启发和指导，同时也是一次反思和学习。在撰写每一章的时候，我不断思考自己的领导风格和能力，并试图将这些思考融入到书中，与读者分享。通过这个过程，我意识到作为领导者，不仅要具备韧性，还要不断反思和学习，以不断提升自己的能力，适应不断变化的环境。

最后，我要衷心感谢所有为本书提供支持和帮助的人。感谢相关领域的学者和专家，他们的理论研究为本书提供了坚实的基础。感谢实践者和案例研究对象，他们的经验和故事使本书更加丰富和生动。还要感谢我的编辑团队和出版商，他们的专业指导和支持使我能够顺利完成这本书。

参考资料

1. 陈国权 . 领导和管理的时空理论——动态分析模型 [J]. 技术经济，2018 年第 10 期 .

2. 王涛，占小军，杨维 . VUCA 时代的韧性领导：研究述评与展望 [J]. 外国经济与管理，2023 年第 2 期 .

3. 单宇，许晖，周连喜等 . 数智赋能：危机情境下组织韧性如何形成？——基于林清轩转危为机的探索性案例研究 [J]. 管理世界 , 2021 年第 3 期 .

4. 何洁，毛焱，梁滨等 . 新冠肺炎疫情背景下企业社会责任对员工韧性的影响研究 [J]. 中国人力资源开发 , 2020 年第 8 期 .

5. 李平 . VUCA 条件下的组织韧性：分析框架与实践启示 [J]. 清华管理评论 , 2020 年第 6 期 .

6. 路江涌，相佩蓉 . 危机过程管理：如何提升组织韧性？ [J]. 外国经济与管理 , 2021 年第 3 期 .

7. 乔朋华，张悦，许为宾 . 领导者韧性对高科技企业探索式创新的影响——兼论期望落差的调节作用 [J]. 软科学 , 2022 年第 3 期 .

8. 张公一，张畅，刘晚晴 . 化危为安：组织韧性研究述评与展望 [J]. 经济管理 , 2020 年第 10 期 .

9. 郑晓明，郭一蓉，刘争光 . 危机领导力的理论模型构建：基于中国机长刘传健案例的质性研究 [J]. 管理学报，2021 年第 1 期 .

10. 胡百精 . 公共关系学 [M] 北京：中国人民大学出版社，2008.

11. 王玉堂 . 卓越领导力 [M]. 北京：中共中央党校出版社，2019.

12. 张晓萌，曹理达 . 韧性：不确定时代的精进法则 [M]. 北京：中信出版集团，2022.

13. 曹俊超，戴克商 . 物资管理理论与实务 [M]. 北京：北京交通大学出版社，2006.

14.[美] 彼得·圣吉著 . 第五项修炼：学习型组织的艺术实践 [M]. 郭进隆译 . 上海：上海三联书店，1994.

15.[荷兰] 阿金·伯恩，[澳大利亚] 保罗·特哈特，[瑞典] 埃瑞克·斯特恩等著 . 危机管理政治学——压力之下的公共领导能力 [M]. 赵凤萍，胡杨，樊红敏译 . 郑州：河南人民出版社，2010.

16.[美] 列纳德·蒙洛迪诺著 . 弹性：在极速变化的世界中灵活思考 [M]. 张媚，张玥译 . 北京：中信出版集团，2019.